高校青年教师教学发展研究

范　智　李　刚　主编

合肥工业大学出版社

图书在版编目(CIP)数据

高校青年教师教学发展研究/范智,李刚主编．—合肥：合肥工业大学出版社，2023.6

ISBN 978-7-5650-6346-6

Ⅰ.①高…　Ⅱ.①范…　②李…　Ⅲ.①高等学校—青年教师—师资培养—研究—中国　Ⅳ.①G645.12

中国国家版本馆 CIP 数据核字(2023)第 096392 号

高校青年教师教学发展研究

范　智　李　刚　主编

责任编辑	张择瑞
出版发行	合肥工业大学出版社
地　　址	(230009)合肥市屯溪路 193 号
网　　址	press.hfut.edu.cn
电　　话	理工图书出版中心:0551-62903204
	营销与储运管理中心:0551-62903198
开　　本	710 毫米×1010 毫米　1/16
印　　张	7.25
字　　数	138 千字
版　　次	2023 年 6 月第 1 版
印　　次	2023 年 6 月第 1 次印刷
印　　刷	安徽联众印刷有限公司
书　　号	ISBN 978-7-5650-6346-6
定　　价	30.00 元

编委会

主　编　范　智　李　刚

副主编　成　曦　金　波　魏传庭　袁诗龙

参　编　（排名不分先后）

林家勤　曾　倩　杜　昂　刘龙锐

马贤同　焦贵伟　黄　路　吴　攀

赵　飞　王　会　岳粹强　刘　雨

郭　博　侯　阳　段衍安　金　栋

主　审　马建华

内容简介

本书以高校青年教师教学发展的基本理论为起点，立足青年教师教学发展的现实诉求，深度剖析青年教师教学发展的核心要素，并通过访谈与问卷调查，对青年教师的现状进行分析、归纳和总结，有针对性地从理念、机制、平台和自我发展四个方面提出了改进措施。在此基础上，本书还积极构建适合青年教师教学发展的教学评价体系，充分发挥教学评价在教师教学发展中的重要作用。

此外，本书在详细论述高校青年教师教学发展应然状态的同时，探究了青年教师教学发展的机构——教师发展中心，分别从教师发展中心的性质、功能、主要职能、建设思路等方面进行了详细介绍，以期为我国高校青年教师教学发展提供理论支撑和实践依据。

本书内容翔实，观点新颖，理论联系实际，不仅从理论方面对高校教师发展的理论观点进行了丰富和完善，而且对高校教师发展的实践也提供了有针对性的指导和方法借鉴。

前　言

习近平总书记在党的二十大报告中强调，加快建设高质量教育体系，发展素质教育，促进教育公平。高等教育是建设教育强国、科技强国、人才强国的战略支撑，建设高质量教育体系是建设教育强国的根本性体现，是实现中华民族伟大复兴的基础性保障。建设高质量高等教育体系是需要久久为攻的系统工程，高校教师是决定高等教育质量和水平的第一资源。构建规模宏大、结构合理、充满活力的高素质专业化教师队伍，是高校有效履行职责使命的前提和基础。

建设一支高素质专业化的教师队伍一直是高等教育院校的重点工作，但受各方因素影响，教师队伍建设仍有诸多工作亟须完成。编写组采用问卷调查和访谈等形式对国内外高校教师发展开展了一系列深度调研，我们发现高校教师在教学发展方面还存在很多问题，尤其是青年教师教学水平不高、教学能力不足，他们在任职初期遭遇到很多现实问题，如教学方法的运用、教学水平的提升、师生关系的处理，等等。对于怀揣着教育理想的青年教师，如何平衡教育理想和教学现实，如何促进其教学发展和长足进步，是教师和高校管理层需要高度关注的现实问题。随着我国高等教育高质量发展的推进，青年教师已经成为高校师资队伍的主力军和生力军。在竞争日益激烈，流动日益频繁的教育环境中，通过促进青年教师教学发展壮大师资队伍，是高校可持续发展的关键所在。

基于此，编写组借学院教师发展中心成立之机，实地走访了国内众多知名高校，多次组织和参加教学培训、教学研讨类活动，在大量的实践考察和教学成果的基础上，课题组结合教育教学专业知识对青年教师教学发展进行理论总结和深度剖析，编写了本书。

本书兼具理论创新和实践价值。理论方面，系统梳理了高校青年教师教学发展的时代背景、核心要义和理论基础，创新性地总结了高校青年教师教学发展的模式，开阔了理论视野；实践方面，基于对问卷调查、深度走访所收集资料的统计分析，既印证了理论研究的初步假设，又增强了对现实状况的剖析力度，为后续对策建议的拟定提供了充分的依据和恰切的针对性。同时，本书还对国内近50所高校的教师发展中心调研结果进行了分析，从中心的功能、定位、职责、建设等方面做了全面的介绍，为高校建立健全教师发展中心提供了借鉴。

全书共分为七个章节，是编写组全体同志集体智慧的结晶。本书由范智担任主编，负责全书理论框架体系和整体结构的设计、部分章节撰写以及全书统稿，各章内容由编写组合作撰写。

本书在研究和编撰的过程中，参考借鉴了诸多国内外专家学者的观点，多名教师协助完成了调查问卷和访谈，在此深表感谢！由于时间和能力有限，书稿还有很多不足之处，恳请读者批评指正。

编　者

2023年5月

目　录

第一章　高校青年教师教学发展的基本理论

本章摘要

教师是人类社会最古老的职业之一，是人类文明的传递者和创造者。随着我国高等教育大众化进程的加速，越来越多的青年教师加入高校教师队伍，并日益成为高校发展的重要人力资源。高校是人才培养的主阵地，教学是高校人才培养的主渠道，青年教师作为教学的主力军和生力军，他们在教书育人的过程中能否承担起职业所赋予的使命和职责，是高校教学质量提升和可持续发展的重要因素。因此，本章对青年教师教学发展的基本理论进行了系统梳理，论述了高校青年教师教学发展的内涵、基本特征和理论基础，为后续研究的深化奠定了理论基础。

第一节　高校青年教师教学发展概念界定

自20世纪90年代末以来，我国高等教育实现了跨越式发展，高校办学规模不断扩大，高等教育大众化程度逐渐深入，在一定程度上缓解了人民群众对高等教育的强烈需求，同时，也给高校带来了巨大的挑战。

随着学生人数的不断增加，各高校原有的师资水平已不能满足教学和科研的需要，师生供求比例不协调的矛盾日益凸显，高校亟须新鲜力量充实教师队伍，一大批刚毕业的硕士、博士作为新进教师刚好填补了这一需要。根据教育部每年发布的《全国普通高校本科教育教学质量报告》显示，高校教师规模不断扩大，青年教师的规模也随之扩大（见表1－1）。[①]

① http://www.moe.gov.cn/jyb_sjzl/sjzl_fztjgb/

表 1-1 年度教师人数

年度	专任教师数(万)	师生比
2011 年	139.27	17.42∶1
2012 年	144.03	17.52∶1
2013 年	149.69	17.53∶1
2014 年	153.45	17.68∶1
2015 年	157.26	17.73∶1
2016 年	160.20	17.07∶1
2017 年	163.32	17.52∶1
2018 年	167.28	17.56∶1
2019 年	174.01	17.95∶1
2020 年	183.30	18.37∶1

一、高校青年教师

高校教师是教师群体的重要组成部分,他们与中小学教师不同,有着独有的职业特性和特殊的职业使命,高校教师既是教育教学的承担者,又是某一学科领域的专门人才;既要为社会培养高素质人才,又要积极开展科学研究,并运用科研成果服务社会。当前,我国高校的青年教师占据着高校教师总量的一半以上,他们是高校的中流砥柱,代表着高校的未来。

那么,高校青年教师到底该如何界定呢?

对于"青年"的界定,不同的国家或组织随着社会经济、文化、政治的发展变化有不同的标准。在国际上,联合国教科文组织在 1982 年将 14～34 周岁定义为青年,世界卫生组织在 1992 年将 14～44 周岁界定为青年,联合国人口基金在 1998 年将 14～24 周岁规定为青年。在我国,国家统计局将 15～34 周岁的人定义为青年,《中国共产主义青年团团章》规定 14～28 周岁的人为青年,《中华全国青年联合会章程》则认定 18～40 周岁的人为青年。从人的身心发展规律来看,18～40 周岁属于个体发展的成熟期,个体的体力和精力旺盛,活动能力强,文化知识和经验丰富,智力活动敏捷,人格成熟,处于人生的黄金时期。

在我国,能够顺利获得博士学位的青年大约为 25～30 周岁,我国绝大多数高校规定必须具有硕士或博士学位,才能进入高校任教,新入职教师还需要经历一段适应发展期,进而进入职业稳定期,此时的高校教师约为 35 岁。另外,一些重要的科研基金项目，对青年项目申报者的年龄都作了明确规定，基本都要求在40周岁以下（见表1-2）。

表1-2　各类项目申报年龄规定

项目	申报年龄
高校青年教师奖	40岁以下
长江学者自然科学青年学者	38岁以下
工程技术领域类青年学者	38岁以下
人文社会科学类青年学者	45岁以下
国家“千人计划”青年项目	40岁以下
国家杰出青年科学基金	45岁以下
优秀青年科学基金（“小杰青”）	38岁以下
国家自然、社科基金青年基金	35岁以下
教育部人文社科项目青年基金	40岁以下

因此，本书认为，高校青年教师一般是指年龄在40周岁以下，硕士以上学位，毕业后进入高校任教，并从事高校教学、科研工作未满十年的年轻教师。这一年龄段的高校教师思想活跃，富有创新精神，学历层次高，专业知识扎实，计算机水平和外语水平较高，具备从事教师教学和科研工作的基础和能力。

二、高校青年教师发展

教师是高校的中坚力量，其质量和水平决定了高校的教育水平和学生的学习质量，教师发展是影响高校发展和改革的核心因素。因此，21世纪以来，世界各国高校纷纷开始重视教师发展，积极围绕如何促进高校教师发展开展探索与实践。

何为高校教师发展？《国际教育百科全书》指出，教师发展广义上指发生在高校教师身心上的总体变化，狭义上指为改进高校教师教学或科研成效而设计的一些发展项目。书中还指出，教师发展主要包括专业发展、教学发展、组织发展、个人发展四个方面。其中，专业发展是指教师不断提升专门技能和学科研究的水平；教学发展是指教师在课程设计、课堂教学、学生评价等方面做出的改进；组织发展是指将教师的个体发展与教育管理组织发展结合起来，通过个体的发展带动组织的不断进步；个人发展是指教师自身的职业生涯规划、心理健康、人际交往能力的提高。

国外学者Crow等人认为，高校教师发展是教师的全面发展——作为人，作为专业人员，作为学术界成员的发展。[①] 巴巴拉认为，高校教师发展是高校教师提高其作为学者和教师的能力的理论和实践。[②] 1975 年美国学者盖夫在《大学教师更新》一文中指出，大学教师发展是教师各方面能力的提升，教学意愿和专业性的发展，从而促进教师的个人发展和教学专业发展，并认为大学教师的发展包括个人发展、教学能力的提升和教学组织的变革。[③] 威廉·H. 伯奎斯特和史蒂文·R. 菲利普斯在 1977 年出版的《大学教师发展手册》中指出，尽管高校教师发展的首要目的是提高教师个人的教学质量，同时也应该包括教师作为教学者、个人以及组织成员的发展。1985 年，易伯勒和牟科赫提出大学教师发展主要包括教学发展、教师发展、课程发展和组织发展四个方面内容。森塔(Centra)提出大学教师发展主要是指个人发展、教学发展、组织发展和专业发展，是组织用来更新大学教师和帮助大学教师更好地履行角色而采取的一系列行动。史密斯认为大学教师发展是帮助教师更有效地履行其教学、研究及服务等职责的一系列活动。日本文部省 1996 年颁布的教育白皮书将教师发展定义为教师为改进教学内容和方法所进行的有组织的举措。[④] 2008 年，阿木德森(C. Amundsen)和牟艾皮尼(L. McAlpine)在《大学教师发展综述：描述思考与实践》一文中指出，大学教师发展通常指设计好的用以改进教学的行为和项目。

我国高等教育学创始人潘懋元先生指出，高校教师发展主要包括学术水平的提高；教师职业知识、技能的提高；以及师德的提升三个方面，其中学术水平的提高，主要指学科基础理论、学科理论以及跨学科知识的拓展，教师职业知识与技能的提高即教育理论、教学能力的及时更新和不断改进，师德的提升是指高校教师应当具有学术道德素养和教师职业道德。[⑤] 学者卢辉炬和严仲连在《美、日、中大学教师发展之比较》一文中指出高校教师发展是高等教育中由指导者实施的专业训练过程，在职教师通过各种途径、方式的理论学习与实践，使自己的专业化水平持续提高并不断完善。[⑥] 学者王春玲和高益民认为，高校教师发展是旨在开发和提升高校教师专业能力的活动。学者陈志伟认为，大学教师的发展是指教师在高校

---

① 徐延宇，李政云．美国高校教师发展：概念、变迁与理论探析[J]．黑龙江高教研究，2010(12)：50－53.

② Millis J B. Faculty Development in the 1990s: What It Is and Why We Can't Wait[J]. Journal of Counseling & Development，1994，72(5)：454－464.

③ 吴振利．美国大学教师教学发展研究[D]．长春：东北师范大学，2010.

④ 蒋妍，林杰．日本大学教师发展的理念与实践——京都大学的个案[J]．北京大学教育评论，2011，9(3)：29－44＋188－189.

⑤ 潘懋元，罗丹．高校教师发展简论[J]．中国大学教学．2007(1)：5－8.

⑥ 卢辉炬，严仲连．美、日、中大学教师发展之比较[J]．社会科学家，2008(6)：134－136.

和社会的作用下，不断发展其专业态度、教学知识和教育技能的过程。[①] 学者马健生、鲍枫认为大学教师发展是指为促进大学教师发展而采取的行动。[②]

本书认同《国际教育百科全书》的观念，将高校教师发展定义为教师专业、教学、组织、个人四个方面的发展。本书认为，高校青年教师发展是指以提高 40 周岁以下的高校青年教师教学、科研水平为核心，通过自主学习或高校组织的教师发展项目实现青年教师专业发展、教学发展、组织发展、个人发展的过程和状态。这一定义具体包括四个内涵：第一，高校青年教师发展的目的是提高高校青年教师教学、科研水平，促进他们有效完成各项工作任务；第二，高校青年教师发展主要包括专业发展、教学发展、组织发展、个人发展四个方面；第三，高校青年教师发展主要通过自主学习或高校有组织地开展的各级各类青年教师发展的促进工作而实现；第四，高校青年教师发展是一种持续的、全面的、系统的、综合的过程与状态。

三、高校青年教师教学发展

（一）高校青年教师教学发展的内涵

1. 国外关于高校教师教学发展的研究

针对"高校教师教学发展"这一领域，美国的研究成果颇为丰富。美国在经历了高校教育发展的黄金时期后，到 20 世纪 70 年代，高等教育质量开始下滑，一些教育家和教育管理部门开始进行反思，1975 年，威廉·H. 伯奎斯特和史蒂文·R. 菲利普斯提出高校教师单凭入职前的学习与训练不能确保其成为一名合格的教学者，随后，他们在 1977 年，首次提出高校教师教学发展必须重视外部环境。1978 年，学者盖夫提出了"教师更新"模型，他指出教师教学发展要关注学生学习情况，评价是教学发展的主要动力。1990 年，博耶提出教学学术理论，这一理论是教师教学发展历程中影响颇深的理论，他将教学作为一种知识融于高校的科学研究，认为教师教学发展既包括教学能力的增长，还包括教学研究能力的提升。这些学者在长期实践和经验总结中认识到，高校教师质量是影响高等教育质量的关键因素，随后，许多学者掀起了研究教学的热潮，他们从理论上探讨了高校教师发展的内涵和基本要素，为教师教学发展领域的研究奠定了理论基础。

对于高校教师教学发展的内涵理解，不同学者有着不同的理解视角。1991 年美国国家教育协会（NEA）发表的《高校教师发展：国力的提升》报告书中，对高校教师发展做了较全面、系统的界定，认为高校教师教学发展是指学习材料的准备、教学模式与课程更新。英国教育专家 C. Day 认为，教师教学发展是教师各方面素

---

① 陈志伟．大学教师教学发展中心：是什么？做什么？[J]．高等工程教育研究，2013(6)：92－96．

② 马健生，鲍枫．美国高校教师教学专业发展探析[J]．比较教育研究，2005(10)：52－56．

质全面提升的过程,教师要在不断学习和实践的过程中明确工作定位、增强责任意识、提升教学能力、丰富教学经验等,并着重表明教师教学得以发展的最主要途径是进行在职教育。伊文思(Evans)则认为,教师教学发展是教学态度和功能上的发展,前者是教师在态度上的改善过程,包含知识性发展和动机性发展,后者是教师专业体现改善的过程,体现为程序性发展和生产性发展。

2. 国内关于高校教师教学发展的研究

我国学者潘懋元先生在《高校教师发展简论》中指出,从狭义上说,高校教师发展主要是作为教学者的发展和提高,强调教师教学能力的提高,即职业知识的丰富、教学技能与技巧的提升。① 南京师范大学前校长宋永忠指出教师教学发展应包括教师教学能力的提升、教师通过教学获得发展机会、教师通过教学发展获得幸福三个方面。姚利民教授认为高校教师教学发展应包含教学责任意识增强、学科专业知识的丰富、普通教学理论和学科教学理论的掌握以及教学能力的提高。② 学者岳慧君和高协平指出,高校教师教学发展主要是指发展教师的教学实践能力、教学研究能力、自主发展能力,其中教学实践能力的发展包括教学方式的创新能力、教学实施的设计能力、教学资源的利用能力、教学环境的优化能力、教学行为的反思能力,这五种能力相辅相成、相互促进。③ 学者陈德良、周萍认为,高校教师教学发展是指为了达到教师的全面发展,实现教师的人生价值,通过内部与外部的行动,消除教学障碍,进行教学反思,丰富教学策略,进而提升教学能力与水平的过程。④ 学者周海涛、李虔在文章中指出教师教学发展强调开发大学教师在教学技术应用、微格教学、多媒体使用、科目和课程设计等方面的能力,⑤并指出教师教学发展的主要做法有:专家查课、同事互助、教学咨询、工作坊、研讨会等。学者顾瑶韵指出教学是高校教师职业中首要和主要的组成部分,教学发展是教师发展的核心和根本。教学发展是指以提高教学技能为宗旨的活动,包括课程设计、课堂教学组织、教学方法改进、教学技巧应用、教育技术运用、教学材料开发、学生和学业评价等,体现了非常丰富的实践内涵。⑥

综上所述,不同的学者因其所处的时代、社会、文化等方面影响,对高校教师教学发展内涵的解读各有侧重。例如宋永忠、姚利民强调教师精神和职业道德对教

---

① 潘懋元,罗丹. 高校教师发展简论[J]. 中国大学教学,2007(1):5-8.

② 姚利民. 高校青年教师教学发展论[M]. 北京:中国社会科学出版社,2019.

③ 岳慧君,高协平. 教师教育教学发展视角下的高校教学团队建设探讨[J]. 中国大学教学,2010(5):13-16.

④ 陈德良,周萍. 教师教学发展的路径探讨[J]. 教育理论与实践,2011,31(9):47-49.

⑤ 周海涛,李虔. 大学教师发展:内涵和外延[J]. 大学教育科学,2012(6):64-70.

⑥ 顾瑶韵. 美国高校教师教学发展的实践[J]. 教育评论,2012(6):156-158.

师教学发展的重要性，丰富了教师教学发展的内涵；美国国家教育协会（NEA）、周海涛、顾瑶韵对教师教学发展解读更加具体，但大都认同高校教师教学发展主要包括教学能力、教学方式、教学技术、职业能力等方面。

本书将高校教师教学发展定义为以促进教师教学发展为内容，以推动大学教师个人教学提高、教学改进为目的，以个人发展和组织发展为主要方式的一系列教师教学发展活动。

本书还将高校青年教师教学发展定义为通过教学设计、教学诊断和教学评价等旨在改善大学教学质量，以高校青年教师为主要受众群体的一系列发展性活动。此定义强调了以下几点：第一，高校教师教学发展的主要内容是课程设计、教学诊断、教学评价、传统教学方法与技能培训和新进教师教学方法与技能培训等；第二，大学教师发展的根本目标是提高大学教学质量；第三，大学教师教学发展的主体一般是高校青年教师；第四，大学教师教学发展的属性是一系列发展性活动。

第二节　高校青年教师教学发展的基本特征

高校青年教师教学发展的主要内容是发展教师为实现教学目标、完成教学任务所必须具备的知识、技能、情感等方面的能力，其最终目的是提升青年教师教学能力，提高高校教育教学质量。然而，由于青年教师发展的个体需求不同，发展不同，高校青年教师教学发展呈现出差异性、实践性的特点。

（一）高校青年教师教学发展的差异性

每一位教师都是独特的生命存在，他们在个性特征、职业素养、教学风格、专业发展等方面存在巨大的差异，教师的教学发展也会随着发展主体的变化而显现出差异性。

教学能力是教学知识、教学技能、教学活动共同组成的有机统一体，是教师促进学生发展的重要组成。其中，教学技能和教学知识是教学能力形成的基础，教学活动是教学知识和教学技能内化为教学能力的平台。然而，高等教育不同于中小学教书育人，在人才培养目标、培养方式、培养途径上有其特殊性，因此，高校青年教师的教学能力有其特殊性：第一，高校教师是某个学科领域的专门人才，各学科专业发展特点不同，对教师具备的个人素养和专业素养要求各不相同。例如，文科类教师偏重对知识的讲授，需要具备良好的语言表达能力、宽广的知识面等，理工科类教师偏重对实践的指导，需要具备严谨的态度、缜密的思维和强大的逻辑。第二，高校教师应了解人才培养需求。教学能力是教师为促进学生发展，顺利开展教学活动所必须具备的知识、技能和素养，是教学知识、教学技能、教学活动的有机统一体。其中,教学知识、教学技能是基础,教学活动是教学知识、教学技能转化的实践平台。高校教师虽然具有所有教师的共同特点,但由于高校教师的培养对象、培养目标不同于中小学教师,因此高校教师能力特征也与之不同,一是高校教师需要具备多学科知识,二是高校教师需要具备创新教学模式的能力,三是高校教师需要具备引导学生多元化发展的能力。因此,高校青年教师因其年龄特点和思维方式,会存在不同程度的差异性。

(二)高校青年教师教学发展的实践性

教学活动是高校青年教师教学发展的最终目的和根本指针,青年教师的教学能力最终需要通过教学实践来体现,并在教学实践中得以发展和提升。因此,高校青年教师教学发展具有实践性。

1. 高校青年教师教学发展主要是获取实践性知识

我国学者陈向明将教师的知识分为理论知识和实践知识,理论知识包括学科知识、课程知识、教育学知识、心理学知识等;实践知识包括教师在教学实践中所表现出来的对理论知识的理解、运用和总结。实践知识对青年教师有着重要影响,它主导青年教师的教学行为、教学活动,进而指导教师理论知识的学习与改进,是教师教学工作中重要的保障。实践知识是青年教师教学行为的核心要素,实践知识是否丰富,直接关系到青年教师教学水平的高低,是青年教师区别于成熟教师的关键所在。因此,高校青年教师教学发展就是要帮助青年教师获得丰富的教学实践知识,高校既可以通过开展教学讲座、能力培训、教学工作坊等方式为教师提供获取实践知识的机会与条件,激发青年教师获取知识的主动性和理论结合实际的自觉性,又可以通过各种网络资源、校内资源帮助教师学习实践知识,促进青年教师教学理念、教学思想的转变与成熟。

2. 高校青年教师教学发展具有实践性的价值取向

教师工作是极其复杂的,是在不断变化发展的情景中应对各种教学问题、教学现象的重要工作。高校青年教师职业在本质上是具备实践性的,教师的实践主要通过教学活动与学生产生互动,促进学生学习。因此,实践性价值取向是高校青年教师教学发展的根本价值取向。这主要反映在:第一,在实践中反思,青年教师要完成自己的使命,不仅要掌握相应的教学策略,还必须能够管理学生行为、处理教学事故、传授教学知识,在教学实践过程中形成教学技能,创造教学,并且青年教师不断对自我进行审视和检查,总结不足,积极改进自身教学实践。第二,在反思中实践。青年教师通过教学反思改进了自己的教学观念、教学方法,并将反思的结果运用于实践,对后续的教学内容、教学方法进行及时的调整和改进,不断完善自己的教学活动。第三,以实践为标准检验青年教师教学发展。高校青年教师教学发展的最终结果是以提升教学能力、提高教学水平为主要衡量标准,因此,教学实践才是检验高校青年教师教学发展是否成功的关键途径。由此可见,高校青年教师教学发展是一个持续不断的、长期的过程,是青年教师通过教学实践进行观察、反思、总结、评价,进而产生新的教学观点、教学思路、教学方法、教学设计的过程,实践性是高校教师教学发展的重要特征。

第三节　高校青年教师教学发展的理论基础

一、高校教师发展理论

20 世纪 60 年代末,教师发展理论研究在欧美各国蓬勃发展起来。70 年代,美国高校教师发展开始走向制度化。迄今为止,不少学者提出了较为成熟的教师发展理论模型,其中最具代表性的有三个。

(一)伯格威斯特和菲利普斯的理论模型

20 世纪 60 年代,美国发生了大学生"反叛"运动,迫使大学管理者和教师积极关注课堂教学效果,基于此,伯格威斯特和菲利普斯于 1975 年在《有效大学教师发展项目的组成部分》一书中提出了大学教师教学发展的态度、过程、结构理论模型(见表 1-3)。这一模型是在总结了许多大学教师发展理论观点的基础上,结合历史研究、个案研究等理论和实践经验而提出的抽象理论模型。该模型认为,一个有效、成熟、完整的教师发展项目一定包括态度(个人发展)、过程(教学发展)、结构(组织发展)三个部分,各部分及其内部要素之间相互联系、相互作用,共同作用于教师发展。

表 1-3　伯格威斯特和菲利普斯的理论模型

分类	态度	过程	结构
目标	明确价值观、态度和教育哲学,改善教师内心和人际关系的机能	提高教学效能	提高组织效能
重点	个人发展	教学发展	组织发展
活动	人生规划、职前教育、在职培训、教师交流、成长工作坊	课堂观察与诊断、微观教学、教学评价、教学方法与技术	组建团队、组织管理、管理培训

1975 年,伯格威斯特(William H. Bergquist)和菲利普斯(Steven R. phillips)在《大学教师发展手册》一书中对 1977 年的模型进行了修正,提出了更加全面的共同体发展理论模型(见表 1-4)。该模型认为高校教师发展的各组成部分互相关

联、互为因果，是一个“共同体”，因此，要将态度（个人发展）、过程（教学发展）、结构（组织发展）三个部分综合在一起，此外，他们还提出了“无论大学教师发展的维度与组成部分间如何交叉、重叠，相互作用、相互影响，它们都是在一定的制度环境完成的。”①从制度层面对高校教师发展提出了新的诠释，使教师个人发展、教学发展、组织发展及其共同体发展在制度的约束下协调发展。

表 1-4 伯格威斯特和菲利普斯的修正模型②

分类	态度	过程	结构
个人	教学方法的改善，教学讨论，发展人生和事业规划，咨询	课程观察、课堂诊断、教学培训、技能培训	课程设计的咨询与培训，课程改革与教育技术组织发展，教师评价，教师激励机制
小组	知识利用，组建团队，支持小组	学科或系（所）的教学培训计划，同行观察和反馈，小组过程观察。	课程与教学进度设计咨询，跨学科与小组教学组织发展，系所重组，时空的利用
制度	共同体发展创建，共同体制度发展，大学教师发展支持新项目	共同体发展小组协商制度发展，实施发展项目，大学教师发展项目规划与实施	共同体发展交流与支持网络，制度发展研究与发展中心，大学教师发展项目管理

（二）盖夫的教师更新理论模型

20 世纪 70 年代，美国发生了“自由教育”危机，毕业生过剩，教育经费增长跟不上通货膨胀速度，教育质量下降，许多学者、教育家积极寻找缓解“教育危机”的方法。1975 年盖夫出版了《大学教师更新》，提出高校教师发展是指“扩展兴趣、胜任工作、提高能力，以此促进个人发展与教师专业发展的整个过程”。教师发展的重点是教学发展，教学发展的重点是科目和课程设计。随后，盖夫出版了《关于教师更新：教师教学和组织发展的进步》，提出了高校教师发展的更新理论模型，他指出教师发展包括个人能力发展、教学与课程发展、有效教学组织结构发展三个维度。个人能力发展是指帮助教师获得个人成长所需要的知识、能力、敏感性和技术；教学与课程发展主要侧重学习的过程和条件，通过改进教学材料、课程规划、课程实施、课程评价，优化课程设计，进而促进学生的成长与进步；组织结构发展是指创设能促进有效教学的环境。盖夫认为这三个维度既是相互统一、相互促进的有

① 姚利民．高校青年教师教学发展论[M]．北京：中国社会科学出版社，2019.
② 林杰，李玲．美国大学教师发展的三种理论模型[J]．现代大学教育，2007(1)：62-112.

机整体，又可以相互独立发展，不必参考其他两个的进度，这与伯格威斯特和菲利普斯所提的两种理论模型有很大区别。

综上所述，高校教师发展理论对教师发展的内涵、要素、关系进行了系统的阐述，深度剖析了教师发展的整体性、关联性，有助于我们充分了解高校教师发展的本质，对我们进一步研究高校教师教学发展有很大的启发作用。

二、需要动机理论

个体的发展与个体的需求密不可分。马克思在很多著作中都提到了“人的全面发展”理论，他认为人的需要不断变化、发展的过程就是人类不断进步和变革的历史，将人的需要不断丰富和完善，甚至普及作为实现社会主义的重要前提，人的全面发展与个体的需要密切相连。因此，本书从心理学、教育学、社会学等多个角度，结合马斯洛的需要层次理论、麦克利兰的成就动机理论，以及斯金纳的强化理论对高校青年教师教学发展的深层动机进行探讨和解析。

（一）马斯洛的需要层次理论

美国著名的人本主义心理学家马斯洛于1943年出版了《人的动机理论》一书，提出了“需要层次理论”。马斯洛认为，人的需要是由低级到高级、由简单到复杂、由个人到社会，是逐渐上升的体系，呈金字塔形（见图1.1）。他把人的需要由低到高分为五个层次：生理需要、安全需要、归属与爱的需要、自尊需要、自我实现需要。生理需要是人最原始、最强烈的需要，是个人维持生存和发展、人与自然和谐相处的基本前提。安全需要是个体对免除自身受惊吓、受折磨的秩序、规则、法律等的需要，安全需要的目的是使人精神稳定并得以健康发展。归属与爱的需要是指个体被关心、被关爱的渴望能够在社会交往中得到满足，进而使个体获得身心健康发展。自尊需要是个体对自己尊严和价值的追求，自尊需要得到满足，个体就能产生自信的情感，就能更加激发个体完成活动的热情与动力，激励个体的丰富性、独特

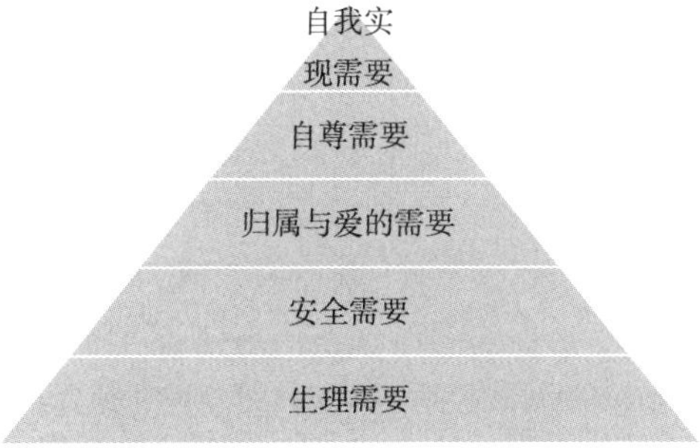

图1-1　需要层次理论模型

性、完整性、全面性得到充分发展。自我实现的需要是个体需要的终极目标，是需要层次的最高境界，马斯洛认为它是“人对于自我发挥和完善的欲望，也就是一种使他的潜力得以实现的倾向”①。换句话说，自我实现就是个体认为自己能够成为什么样的人，他就必须成为什么样的人，正是这种源自内在的自我实现的需要，才能激发个体实现、保持增强潜能。

由此可见，需要是人类活动的根本动机，只有采取有效措施满足人的各个层次的需要，才能激发个体的内在动力去努力工作，提高工作效率。在高校教师教学发展过程中，应以需要层次理论为指导，充分考虑教师各个层次的需求，满足教师的低层次需要，激发教师的高层次需要，不断提升教师服务教学的热情，激发教师的教学主动性、创造性，提高教师的教学水平。

(二)麦克利兰的成就动机理论

20 世纪四五十年代，哈佛大学心理学教授戴维・麦克利兰提出了著名的成就动机理论。他认为，个体的基本生理需要在得到满足后，会发展出更高层次的需要，即成就需要（Need for achievement）、社交需要（Need for affiliation）、权力需要（Need for power）。其中，成就需要，是指拥有高成就需要的人，对成功有强烈的渴望，他们会全身心投入工作，把取得工作成就作为人生的乐趣，从工作成就中获得满足感。社交需要，是指个体从各种社会关系中获得快乐和满足。权力需要，是指个体对施加影响和控制他人有浓厚的兴趣，他们具有担任领导职位的才干和水平，希望通过获得更多的权力、更高的职位，进而获得更大的成就。麦克利兰认为有高层次需要的个体通常有如下特征：一是高层次需要者独立性强，乐于接受挑战，更倾向于接受中高难度的任务；二是高层次需要者更喜欢独自承担任务，更喜欢能够发挥其独立处理问题的工作环境；三是高层次需要者更加关注及时反馈，希望从反馈中了解自己的进步与不足。麦克利兰认为不同的个体对成就需要、社交需要、权力需要的排列顺序和权重分配各不相同，个体的需要是在自身与环境相互作用下激活的。麦克利兰指出，有强烈成就需要的人会把争取成功过程中的困难和难题看作奋斗的乐趣和成就，主动提高工作效率，努力将事情做得尽善尽美。

麦克利兰的成就动机理论立足于依靠人、尊重人、关心人而展现管理效果。青年教师作为高校的新鲜血液和重要组成部分，高校管理者要想提升青年教师工作热情，提高青年教师教学及服务水平，不仅要依靠外部强制力量，还必须同时运用成就动机理论，探究青年教师自身的影响因素，进而引入切合实际的教学发展机制，最大限度地激发教师的积极性，充分发挥其主观能动性和创造性。

---

① 陈琦，刘儒德．当代教育心理学[M]．北京：北京师范大学出版社，2007.

三、教师专业化理论

20 世纪二三十年代,西方掀起职业专业化发展,教师职业开始走上专业化道路。1955 年,世界教师专业组织会议第一次讨论了教师专业化的问题。1966 年,联合国教科文组织和国际劳工组织提出的《关于教师地位的建议》,首次以官方文件形式对教师专业化做出说明,指出:应把教师工作视为专门的职业,这种职业要求教师经过严格地、持续地学习,获得并保持专门的知识和特别的技术。20 世纪 60 年代所倡导的教师专业化理论是建立在强调科学效率等技术理性的背景下,教师专业化的内涵和专业化的水平也主要体现在本学科的知识丰富程度和教学技能的熟练程度上。到 20 世纪 80 年代,教师专业化成为教育发展的潮流,日益成为世界教育者关注的课题,也是当今世界教师教育改革和发展的重要趋势,教师专业化已经成为 21 世纪国际教育的核心问题。

(一)教师职业及教师本身价值的重新发现

在 21 世纪人类社会面临深刻变化的时代,教育走向了历史的前沿,发挥着前所未有的重要作用,教师教育也因此合乎逻辑地凸显出来,教师正被重新发现。正是在教师专业化发展的进程里,教师在教育实践中的主体地位和主体作用得到确认,教师的工作作为重要的专业和职业得到确认,教师发展的意义和可能得到确认。

(二)教师专业化发展的终身化

在终身化背景中,以专业化为方向,重视教师素质提高。随着终身教育理念的渗透,人们普遍认为,教师教育应通盘考虑教师的专业发展,打破职前和职后相互独立的局面,实施一体化教育,使教师终生都能受到连贯的、一致的教育。强调教师应树立终身学习的意识,主动吸取新知识,不断提高自身专业素养。

四、教师专业发展周期论

(一)费斯勒的教师生涯循环发展理论

美国学者费斯勒认为,教师的职业周期是个人与环境共同作用的结果,因此,要把教师的职业发展放在组织与环境中进行考察,他于 1985 年提出了一套动态的、灵活的教师生涯循环发展理论,并构建了一套非线性的、完整的教师专业发展框架(见表 1-5)。费斯勒将教师职业周期分为八个阶段,分别是:职前期、职初期、能力建构期、热情成长期、职业挫折期、职业稳定期、职业倦怠期、离岗期。同时,他通过具体的案例,分析了环境与组织对教师的影响作用,阐述了教师在各个发展阶段的特点和需求,并就如何激励和支持教师发展与成长提出了针对性的建议,为我们了解教师专业成长提供了重要的启示。

表 1-5 费斯勒的教师生涯循环发展理论

阶段	名称	主要特征
第一阶段	职前期	教师接受新角色培训
第二阶段	职初期	教师学习日常教学工作,寻求学生、同事、领导的认可
第三阶段	能力建构期	教师寻找新的资料、方法、策略,拓展自己的教学能力,提升自身的教学水平
第四阶段	热情成长期	教师对工作充满热爱,并能自主创新、改进自己的教学,对工作有较高的满意度
第五阶段	职业挫折期	教师在工作上受到挫折,职业满意度降低
第六阶段	职业稳定期	教师仅满足于完成基本教学工作,不愿多做其他事务,对追求卓越与成长的热情不高
第七阶段	职业倦怠期	教师或因成就而感到自我满足、停滞不前;或因受到挫折、打击,内心苦闷,不愿再努力
第八阶段	离岗期	离开教学岗位

(二)斯特菲的教师阶段发展论

斯特菲在自我实现理论的基础上,建立了教师阶段发展模式,他将教师生涯分为五个阶段,分别是:预备职业生涯阶段、专家职业生涯阶段、退缩职业生涯阶段、更新职业生涯阶段、退出职业生涯阶段(见表 1-6)。斯特菲的教师阶段发展论清晰地论述了教师职业生涯发展各个阶段的特点,启示教育管理者在教师教学发展过程中,适当、适时地给予教师以支持和帮助,能够帮助教师顺利度过教学发展的各个阶段。因此,教师阶段发展理论对于高校和教育行政机关安排教师培训、进修活动有重要的指导意义。

表 1-6 斯特菲的教师阶段发展论

阶段	名称	主要特征
第一阶段	预备职业生涯阶段	教师有活力,有创新力,容易接纳新观念,主动积极进取;还具有一些理想主义
第二阶段	专家职业生涯阶段	教师已有较高水平的教学能力与技巧;能够有效地管理班级;对学生有高期望;在工作中能激发自我潜能,达到自我实现
第三阶段	退缩职业生涯阶段	在初始退缩时期,教师在高校的表现不好不坏,漠视教学革新,绩效平平,教师一般沉默寡言,消极行事;持续退缩时期,教师有倦怠感,经常批评高校和家长,抗拒改革,他们一般独来独往,行为极端;深入退缩时期的教师在教学上表现出无力感,有时会伤及学生但自己却认识不到这些缺点

（续表）

阶段	名称	主要特征
第四阶段	更新职业生涯阶段	教师学习新知识，以积极的状态，采用有效的措施应对倦怠，并致力于专业成长
第五阶段	退出职业生涯阶段	教师退出职业岗位，有的教师继续追求专业撑场，有的教师安度晚年

（三）休伯曼等人的教师职业生命周期论

休伯曼等人对教师职业生命周期进行了深入研究，他们把教师职业生涯分为五个时期、七个阶段，分别是：①第1—3年，入职期；②第4—6年，稳定期；③第7—25年，实验和歧变期及重新估价期；④第26—33年，平静和关系疏远期及保守和抱怨期；⑤第34—40年，退休职期。详见表1-7所列。①

表1-7　休伯曼等人的教师职业生命周期论

阶段	名称	时限	主要特征
第一阶段	入职期	第1—3年	可将这一时期概括为“求生和发现期”。其中，“求生”与“现实的冲击”相联系，课堂环境的复杂性和不稳定性、连续的试误等使得自我能否胜任教学感到怀疑；同时，教师也感到有所“发现”，他们有了自己的班级、学生和教学方案，成为专业协会中的一员，所以又表现出积极、热情的一面
第二阶段	稳定期	第4—6年	教师决定投身于教学工作；教师初步掌握了教学法，由关注自己转向关注教学活动，不断改进教学基本技能，形成了自己的教学风格；表现出自信、愉悦和幽默
第三阶段	实验和歧变期	第7—25年	自此时期开始教师的发展路线表现出差异性，其原因在于随着教育知识的积累和巩固，教师试图增加对课堂的影响，在教学材料、评价方法等方面开展了不同的个性化的实验；教师改革的愿望强化了对阻碍改革因素的认识，激发了进一步改革的尝试，教师的职业动机强烈，职业志向水平高；对课堂的职责有了初步了解后，教师开始寻找新的思想和挑战
第四阶段	重新估价期		在许多情况下，教师不经过实验和歧变阶段，而是代之以自我怀疑和重新估价，严重者可表现为职业生涯道路中的一场“危机”。年复一年单调、乏味的课堂生活；或者连续不断地改革后令人失望的结果都会引发危机

① 赵敏．基于教师职业生涯周期理论的高校青年教师专业发展研究[D]．苏州：苏州大学，2011．

（续表）

阶段	名称	时限	主要特征
第五阶段	平静和关系疏远期	第26—33年	这一阶段在教师职业生涯中表现并不明显，主要是四五十岁的教师的一种“心理”状态。许多教师在经历了怀疑和危机之后开始平静下来，能够较为轻松地完成课堂教学，也更有信心。随着职业预期目标的逐渐实现，志向水平开始下降，对专业投入也减少。该阶段的另一主题是与学生的关系更加疏远，教师对学生行为和作业更加严格
第六阶段	保守和抱怨期		这一时期的教师大约五六十岁。处于该阶段教师在经历了平静期后变得较为保守，这可能是第四阶段自我怀疑的进一步发展，也可能是改革失败的结果，多数教师会抱怨学生变得纪律性差、缺少动机，抱怨公众对教育的消极态度，抱怨年轻教师不够认真、投入
第七阶段	退休职期	第34—40年	其他专业人员在这一时期可能会逐渐退缩，为退休做准备。而教师迫于社会压力，其行业行为没有太大改变，只是更加关注自己喜欢的班级、做喜欢做的工作

从以上各家理论可以看出，教师专业发展是必须经历多个阶段，且每个阶段的特点和需求各有特点。这一理论，一方面，有助于高校教师认清自己的发展位置，了解自己的优点与不足，指导自己如何扬长避短，确定自己的发展目标，对自己的专业发展进行反思，进而指导教师制订合理的发展计划；另一方面能指导各项教师发展活动的设计与实施，通过教师专业发展阶段理论，我们可以分析不同年龄、不同阶段的教师具备什么样的特征、什么样的发展需求、什么样的发展目标，从而更有针对性地开展教师专业发展活动。因此，对于高校青年教师来说，他们的发展是多层面、多领域的，教师个体发展呈螺旋式上升。

美国心理学家波斯纳曾提出一个教师职业成长的公式：成长＝经验＋反思。总的来说，教师专业发展既需要外部支持，也需要自身的醒悟。这也正是教师专业发展的意义和作用所在。

第二章　高校青年教师教学发展的现实诉求

本章摘要

进入21世纪，全球化加速演进，信息技术也蓬勃发展起来，并对高等教育领域产生了极大的冲击，高校教育方式和学习方式面临着发展转型的历史挑战和前所未有的变革机遇，对人才的数量、质量、类型都提出了新的要求，高校青年教师教学发展正经受着技术更新、教学回归、教学制度等多方面的影响。为适应社会的不断发展和教育领域的变革，需要进一步激发青年教师教书育人的内在动力，提高高校教育教学的质量。本章将围绕高校青年教师教学发展，由浅到深、由表及里，探寻高校青年教师教学发展的机遇、挑战以及现实危机。

第一节　信息化时代的机遇与挑战

随着信息技术和互联网的快速发展，教育信息化、数字化已成为高校教育不可逆转的趋势与潮流。我国也正经历着从教育大国向教育强国的历史跨越。信息技术与数字化逐渐融入高校教育的方方面面，使教学、管理、科研等环节变得更加高效、更加便利。与此同时，高校青年教师教学工作也面临着一场深刻的变革。

一、信息时代的机遇

(一)教学资源整合更加便利

近年来，信息技术快速发展，改变着人类生活的方方面面，人们更加倾向于选择多媒体工具，网络课程、在线平台、电子资源强烈冲击着传统的课堂和纸质图书资料。网络技术便捷、快速以及准确的特性突破了时间和空间的限制，使人类开展学习的方式和获取知识的途径发生了重大变革，这种变革使个性化学习、自主学习和终身学习成为可能。

信息化时代，教学资源的整合更加便捷，这主要体现在：第一，教学资源挖掘更加深入。人们利用新技术、新方法，突破时空壁垒，深度挖掘教育教学资源，可以让以前不易被发现的优质教学资源、教学思想、教学方法得以展示，人们有了更加广阔的自我表达空间，好的教师、好的教学、好的资源能够通过网络途径得以发掘和公开，即使是相互陌生的个体，也可以围绕某一共同的教学问题，实现互动和交流，进而促进彼此教学的不断进步，师生之间、师师之间的学习变得更加亲密和高效。第二，教学资源共享更加深刻。以前，世界范围内教育资源的占有极不平衡，在我国，也存在着东部和西部的教学资源不能互通，发展差异大的问题。但是，自从信息技术深入人类生产生活以后，我国实现了人人只要拥有一部手机，就可以连接各类教学资源，例如东部的高校可以将最新的教学信息即时分享给西部高校，教师也可以实时将最新教学成果和教学资源分享给学生，等等。这种合作与融合，推动了各种优质教学资源的共享，使教学与学习变得更加便捷。

由此可见，在信息化程度越来越高的今天，教学资源的整合力度日益加大，这种技术与资源的融合，不仅拓宽了学习者的学习渠道，还丰富了学习者的学习资源，更激发了学习者的学习兴趣。学习者可以根据个人需求组合教学资源，开展学习交流，大大提高了教学资源的利用率，提升了学习效果。

(二)技术与教学融合更加深刻

信息化时代，教学与技术的融合不再是单一的教学手段，信息技术让课堂教学产生了翻天覆地的变化。信息技术能够突破常规教学手段，将文字、图像、音频、视频等资料汇集起来，通过生动形象的方式展示各种事物、现象以及场景，结合学科专业的特点，将教学内容化静为动、化远为近、化抽象为具体，营造真实有趣的学习环境，帮助学生感知教材、理解知识，获得良好的学习体验。同时，信息技术的发展还促进学习共同体的产生，学生在网络空间里能够实现自主学习，可以根据个人学习特点和需求组建学习团队，通过虚拟空间实现学习上的互帮互助，进一步挖掘学生的学习潜力，培养学生的合作精神和创新能力，为学生形成发散思维和创新思维提供有利条件。

另外，信息技术在与课堂教学融合后，还衍生出许多新颖的教学模式，如翻转课堂、交互式学习等。这些新的教学模式是教育信息化的重要体现，它们是基于学科专业学习特点和学生学习方式开发出来的，对于教师实现系统地教学，提高学生的学习效率有重要的促进作用。“以学习者为中心”的教学模式在信息技术的刺激下不断发展壮大。

(三)在线教育更加突出

早在20世纪初，就有学者提出要建设虚拟大学，即利用网络技术搭建集教学、管理与评价为一体的学习平台，为学习者提供学习资源和课程认证。但是由于信息条件的制约，虚拟在线教育发展比较缓慢。在人类进入21世纪以后，随着信息技术的日新月异，在线教育逐渐走进了人们的视野，并开始进入教学改革的中心，挑战传统课堂教学的霸主地位。尤其在新冠疫情期间，在线教育在教学活动中发挥了巨大的作用。一是覆盖面广。在线教育实现了人人都可学习，处处都可学习。二是实现动态教学。以往的课堂，教师在课堂上很难关注到所有学生的学习状态，但是通过信息技术条件，AI 能够实时记录学生的学习进度和学习状况，教师能够通过数据反馈把控课堂教学的进度，使学生能够及时消化吸收教学内容，提高课堂教学效率。三是实现个性化学习。在线教育使学习者可以根据自己的需求自主地选择教师和教学内容开展学习活动，学习的自主性和个性化大大提升。四是服务及时。在线教育重视学习者的个人体验，能够通过数据分析为学习者提供精准的教学管理和服务，使教学活动更具人性化。

二、信息时代的挑战

(一)教育理念倍受冲击

随着信息化的逐渐发展，一大批新的教育理念涌现出来，不断冲击高校的教学思想和育人理念。信息技术的发展使师生角色发生重大转变，教师不再是单一的知识传授者，更是学习的引导者、能力的创造者，教师应将“以教师为中心”转变为“以学生为中心”，坚持以人为本的教学理念，积极发展教师在课堂教学中的主导作用，加强与学生的互动交流，树立为学生服务的思想，促使学生从被动学习转变为主动求学，实现能力提升。同时，教师还要真正落实“因材施教”，针对学生开展差异化指导，通过线上线下相结合的方式使学生完成教学的基本要求。

(二)教师能力急需扩容

高校信息化教学能够顺利实现，教师的信息技术能力是关键要素。首先，信息技术融入了高校教学的各个环节，变革了现代教学的方式方法，教师必须以增强信息素养为基础，主动学习、掌握、运用信息技术，发掘信息资源，自觉获取、处理各种教学信息，充分发挥自己的教学智慧，将信息、资源与教育教学有机结合，营造情景丰富、内容充实、效果良好的教学氛围，为学生学习创设有利条件。其次，教师要充分利用信息化手段设计课堂教学。数据信息和网络技术为教师提供的不仅有教学各个环节的反馈，还包括学生知情意行的方方面面，因此，设计以“促进学生学习”为目的的教学思路、教学内容、教学方法等，是现代教师必须掌握的重要能力。教师要在教学实践中不断积累信息化教学经验，不断完善教学设计，深化教学内容，提升自身的信息化教学能力。再次，教师要具备教学以外的能力。信息化时代的高校教师不仅承担着教书育人的主要职责，更要担负专业引路人、能力创造者等多种多样的角色，因此，高校教师不仅要懂专业，还要懂教学、懂心理、懂管理，这就要求教师不仅要做专业的行家，还要不断学习，不断扩容自己，成为教学的多面能手，充分体现教书育人的核心价值。

(三)教学结构面临变革

现代教育技术与教学的融合正在改变传统课堂的教学结构,“以教师为中心”的二元结构体逐渐解体,新的“教师主导,学生主体”的教学结构日益凸显。那么,课程教学的结构性变革显然不是简单的教师、学生、教学内容与技术为一体就可以完成的,它涉及方方面面的变化。从主体关系看,教师将由传统课堂权力的控制者与知识的传输者向学生完美人格与良好情操的指导者与帮助者、课堂组织的管理者与参与者转变;学生则由被动的知识接受者转变为课堂教学的积极建构者、自我学习的设计者与知识加工的主体;教学内容将由单向度的教学资源逐渐与教育技术相配合,探索丰富的专业教学课程;教学工具主要通过信息化手段实现,由如何帮助教师更好地教向学生如何自主与合作地学转变。因此,传统教学课堂发生结构性变革对于高校教师而言是一件猝不及防的事件,也成为提升高校教学质量与课堂有效教学的主要挑战。①

第二节 回归教学本位的诉求

一、教学与科研的地位之争

教学与科研之争由来已久,自从科学研究成为高校内部独立的职能后,科研的地位越来越高,教学的地位则日益下降。

(一)高校发展离不开科研

高校的办学水平和综合实力很大程度上决取于科研水平的高低及科研成果的影响力,高校只有重视科研,做出更多更好的科研成果,才能给高校带来声誉,进而推动高校的招生、育人、招贤纳士以及高校内部发展,因此,科研与高校的前途密切相关。

(二)教师发展离不开科研

与科研相比,教学活动主要是传授人类既得的知识和经验,而科研更具有创造性,科研对时代发展和社会进步有着更加直接和深刻的影响。长期以来,高校教师晋升、发展的重要考察点即为科研。教师,尤其是青年教师面对高校的科研压力,自然愿意将更多的时间和精力投入科研,教学得不到教师的足够重视,青年教师埋

---

① 郭丽君. 地方高校教师教学发展支持研究[M]. 北京:经济管理出版社,2020.

头搞科研，却不懂得如何将科研成果融入课堂教学，造成科研越来越突出，教学越来越一般，教学与科研发展严重失衡，长此以往，青年教师很难成长为全面发展的优秀教师。

(三)教育评价离不开科研

评价一所高校办学水平的高低主要是看科研水平，科研成果看得见、摸得着，便于量化，可以作为教育评价的客观指标。从历年的评价结果来看，一所高校的科研实力强，整体水平一般不会太差，也就是说，从某种意义看，科研水平能够代表教师的发展水平和高校的办学水平。

二、高校回归教学本位

大学之道，在明明德，在亲民，在止于至善。[①] 明德向善，是高校的追求，崇善的根本在教学。纵观国内外高等教育的发展，国内外高校都一度出现了"重科研轻教学"的现象，科研被视为高校安身立命的法宝，教学从高校的主要工作退居为日常工作，教学和科研之间的不平衡发展，导致了国内外高校教学质量持续下降，人才培养质量也受到社会的广泛质疑。这一状况引起了教育学界的积极关注，为重塑教学在高等教育体系中的重要地位，改善高校教学质量和人才培养质量，一场高等教育改革在全球范围内迅速展开。20 世纪末，美国学者博耶为重振高校教学地位，创造性地提出了教学学术的概念，他指出高校教学不仅在于传播知识文化，更重要的是教授学生创新知识，教师在教学过程中，不仅是传授者，还是创造者，教学过程的每个环节都可以深入进行科学研究。这一思想为美国高校回归教学本位提供借鉴和指导，也推动了我国教育管理部门、高校教师重新审视教学的地位。

回归教学，回归人的发展，这不仅是高校发展的客观要求，也是高校改革的必由之路。首先，高校必须引导青年教师重视教学，确立人才培养的中心地位和教学工作的基础地位，正确处理好教学和科研的关系，积极发挥科研对教学的促进作用，引导青年教师用科研为教学助力。其次，高校必须引导青年教师直面教学，正视和解决教学中的各种问题，给予教师更多的教学自主权，建立健全教学保障体系，调动青年教师的教学热情，保障青年教师的合理权益。再次，高校必须激励教师投身教学。通过进一步优化教学评价机制，改变重研轻教的评价体系，落实青年教师的教学责任，并设定激励机制，鼓励教师投身教学、热爱教学。

回归，是一种胆识和气魄，是高等教育发展的经验总结和责任担当。高校只有

---

① 钱逊．大学中庸[M]．北京：中华书局，2018．

克服种种阻力，理性回归教学，从教育教学的基本规律出发，引导师生员工关心教学、研究教学、投入教学，高校才能获得长久发展的不竭动力。

第三节 完善教学制度的目的

一、高校教学管理制度发展失衡

首先，高校教学管理制度具有规范性，以强制手段使各项教学制度能够正常运行，发挥其在教学活动过程中的规范、指导、评价、反思等作用。其次，高校教学管理制度具有惩戒性，它通过具体的评价指标、规章制度、细则条例等对教师的教学过程、教学内容、教学实施、师德师风进行规范和要求，并通过激励、惩罚、指导等手段使教师在教学活动上获得提升或改进。由此可见，教学管理制度虽然看上去没有行动边界，实际上，各个参与者、组织者囊括了高校管理的各个部门，并且各部门职责分工不尽相同，因此，各个组织、各个单位、各个参与者都应明确自己的职责与定位，如教务部门要做好顶层设计，各教学单位要积极开展宣传、培训，组织教师开展教学工作，人事部门要综合考察教师教学表现和给予教师合理的奖惩，只有各单位、各部门在教学制度的引导下有序、规范地开展各项工作，才能发挥出教学制度在教师教学发展中应有的制度功效。

然而，现实中的高校教学制度却没有发挥好对教师教学发展的促进作用。一方面，高校管理部门不断强化教学制度的强制性。这集中体现在某些管理部门刻板地采用红头文件、规章制度对青年教师教学加以约束，制度内容措辞严厉，制度设计限制叠加，制度运行主要依靠行政力量强制落实。这种强制性的行政手段虽然有利于各项规章制度的落实，但是长此以往，教师的需求得不到关注和回应，自下而上或自上而下的互动没有取得相应效果，强制手段必然引发教学管理中各种冲突和敷衍行为。另一方面，教学制度的统一性约束了青年教师教学发展的特殊性。教学管理制度是为加强管理而推行的各项措施，它必然与青年教师个人追求相矛盾，这在一定程度上打击了青年教师教学的积极性，压制了青年教师的合理需求，使得青年教师产生自我放弃的想法，无法激发青年教师创新教学、改革教学的动力。

二、完善教学制度，为青年教师教学发展提供支持

在高校，教学发展是教学制度的重要组成部分，为青年教师的教学诊断、教学评价、教学改进、教学研究等方面提供了专业化的指导与服务。因此，完善的教学

制度必将有教师发展中心等教学服务机构作为重要补充，才能保证高校教学工作和教师发展工作有序推进。

目前高校的教学管理制度忽视了对青年教师教学发展的支持与服务，反而过分地强制和约束教师教学实践，随着教学本位的回归，教学管理制度也应彰显更多的人本内涵，体现更多的服务性，遵循教师的个性发展，不断挖掘青年教师的内在需求，促进青年教师的多元化发展。同时，随着信息化时代的到来，互联网和高新技术的广泛运用，对高校也提出了技术的要求，高校教学支持举措不仅能帮助青年教师有效应对信息时代高校面临的挑战，还可以引导青年教师改革教学方法、教学资源、突破传统思维，不断改进教师角色，提升教学质量。

综上所述，高校的发展，离不开对青年教师教学发展的重视，建立健全既有特色又有专业的教师教学服务机构，能够更加有效地推进高校青年教师教学发展工作。

第三章　高校青年教师教学发展核心要素

本章摘要

高校青年教师教学发展始终与个人的整体素养密切相关，教师与教师之间在学历背景、专业能力、教学知识、教学技能等方面都存在差异，并且，每个教师都会受到遗传、社会、生活、交往、心理、职业等因素的影响，因此，青年教师教学发展是各有特色、各不相同的。在促进高校青年教师教学发展之前，必须对教学发展的核心要素进行系统分析与梳理，找出影响青年教师教学发展的核心与关键。本章将从高校青年教师教学发展的目的、内容、模式、途径四个方面详细分析教学实现的必要条件。

第一节　高校青年教师教学发展的目的

随着我国高等教育规模不断扩大，高校教师队伍也蓬勃发展起来，尤其是青年教师数量大幅增长，为高校发展注入了新的活力，高校教师群体的年龄结构趋于年轻化，青年教师成为教学和科研的中坚力量。与此同时，数量的增长带来了教育的反思。2021 年 4 月 19 日，习近平总书记在清华大学考察时强调，教师是教育工作的中坚力量，没有高水平的师资队伍，就很难培养出高水平的创新人才，也很难产生高水平的创新成果。由此可见，有好的教师，才能有高的教育质量，高校教育质量的提高根本在于教师教学的发展。本节将从教师自身发展和高校教学质量提升两个方面来阐述高校青年教师教学发展的目的。

一、教师发展的内在规定

(一)教师队伍结构优化的内在需求

近年来，随着我国高等教育的快速发展，一大批刚毕业的硕士、博士充实到高校教师队伍，笔者从教育部门户网站中获取并整理的有关数据见表 3－1 所列。

表 3-1　2011—2014 年我国教师情况[①]

年度	青年教师人数(万)	专任教师人数(万)	所占百分比(%)
2011 年	85.9	139.27	61.68
2012 年	87.7	144.03	60.89
2013 年	89.3	149.69	59.66
2014 年	91.2	153.45	59.43

从表 3-1 可见,青年教师人数和专任教师人数都呈逐年增长趋势,2011—2014 年,青年教师人数均占专任教师人数的 60%左右,比重相当大。其中,2014 年青年教师人数较 2011 年增加了 5.3 万人,增长率为 6.17%。这些数据充分表明,我国高校教师年龄结构整体趋于年轻化,青年教师已成为高校教学和科研的主力军、生力军,青年教师的整体素质与水平直接决定了高校的教育教学质量,乃至未来数十年间我国高等教育的整体发展水平和发展状态。因此,高校青年教师亟须通过教学发展来提升自身的教学水平和教学能力。

(二)青年教师教学问题纾解的重要途径

高校青年教师多是从校园到校园,从学生到教师,他们缺乏足够的社会经验和教学经验,在工作过程中日渐暴露出很多问题。

首先,青年教师缺乏系统的教学知识和教学技能,教学能力不强。国外学者纳普尔曾指出:高校教师几乎都是作为某一狭窄领域的研究人员接受训练的,他们一般都对教育理论、新式教学方法或课程发展知之甚少,没有受过职前教学培训[②]。青年教师一般指年龄在 40 岁以下的教师,处于职业发展初期,一方面,他们生活经验、教学经验、研究经验都比较匮乏,对课程体系的认识缺乏深度和广度,教学过程倚重课本和教材,教学内容难以展示出创新点和个人见解;他们对学生的特点和规律认识不清,往往采用千篇一律的教学模式,课堂教学缺乏差异性和灵活性,青年教师高水平的学术能力和科研能力并不等于高水平的教学能力。另一方面,绝大部分青年教师是非师范院校毕业,没有接受过系统的教师教育,在入职后,主要通过短暂的岗前培训获得教育教学的基本理论和技能,这些途径对提高青年教师的教学能力作用甚微,青年教师的教学理论和教学技能不能发生实质性的改变,在具体教学过程中,教师多采用灌输式教学,“教师主导,学生主体”的理念没有得到充

① http://www.moe.gov.cn/jyb_sjzl/sjzl_fztjgb/

② 纳普尔,克罗普利.高等教育与终身学习[M].3 版.徐辉,陈晓菲,译.上海:华东师范大学出版社,2003.

分落实，教学重难点不突出，教学组织缺乏条理性，师生互动不明显，难以对课堂教学产生强大的影响力。因而，青年教师的教学发展根本上还是要依靠他们发挥主观能动性，自觉投身课堂、投入教学，向专家、同事学习，在具体的教学实践中摸索适合自身发展的教学路径。

其次，青年教师价值取向失衡，重利益轻责任。师德兴则教育兴，教育兴则民族兴。高校教师不仅承担着传道、授业、解惑，还承担着育人、育魂的重任，青年教师充满激情、思想活跃，但由于受生活方方面面的影响，责任意识和师德意识较为淡薄。

一是缺乏服务意识。一般来说，高校给青年教师安排的教学任务普遍较多，但由于青年教师缺乏教学经验和教学方法，不了解教育规律和学生特点，教学状态比较浮躁，归属感和使命感不强，不能全身心投入教学工作，对待工作敷衍塞责，缺乏责任心和服务意识。例如，有的教师对自己要求不严，经常迟到早退，教学不规范，言谈举止随意，严重影响了学生形成正确的人生观、世界观和价值观。

二是身心压力过大。北京师范大学钟秉林教授曾指出，青年教师的理想状态应该是体面生活、开心工作。[①] 但是，从现状来看，青年教师的生存状态与理想状态的差距仍然非常大。青年教师处于人生的起步阶段，既要在事业上逐步成长，又要将生活逐渐稳定下来。然而，调查显示，70％的高校青年教师表示“压力很大，成家立业、赡养父母、抚育后代，处处离不开钱”，捉襟见肘的收入难以维持稳定的生活状态，十几年寒窗苦读，仍要为生计愁眉不展、四处奔波。因此，有些教师会通过各种途径、各种渠道解决经济困窘，这就直接影响了他们在教学上的投入和发展。

三是重科研轻教学。调查发现，教师投入本科教学仅占 25.9％，科研高达 40.6％，教师第一偏好研究的高达 65.0％，教学仅占 24.8％，青年教师也不例外。[②] 一直以来，高校教师重科研轻教学的现象比较普遍，高校有相当一批教师对教书育人不感兴趣，不愿意承担教学工作，他们觉得教学作为日常工作却无法产生更多的边际效益和资本增值，但是，科研的产出、论文的发表、课题的研究却都与晋职晋升等现实利益密切相关，他们愿意将更多的时间和精力投入科学研究，对教学环节，满足于过得去即可。这一现象在青年教师中也日益盛行，许多高校为了缓解教学矛盾，安排青年教师承担较多的教学任务，而很多青年教师又面临科研立足的压力，长此以往，青年教师身心俱疲，不由自主地“重科研轻教学”。

再次，教师角色转变，青年教师不能快速适应。一方面，信息技术的发展，使教

① 吴庆华，郭丽君．地方高校青年教师发展研究[M]．北京：经济管理出版社，2017.

② 闫光才．研究型大学中本科教学与科学研究间关系失衡的迷局[J]．高等教育研究，2012，33(7)：38－45.

学方式突破了传统的“粉笔＋黑板”，开始走向多元化、多样化，网络技术与教育结合，抽象与现实交汇，学生的学习体验更加丰富，这就要求教师具备多元化的教学能力，教师不仅要是学科领域的专业人才，还要是能力发展的“多面手”；另一方面，教学模式也不再是以往的“教师讲，学生听”，在现代课堂教学过程中，教师也不再是单纯的知识传授者，而变成了知识世界的引领者、导航人，带领学生主动、自觉地去探索新知识、新技术。教师角色发生了重大转变，由“教学者”变成“辅导者”，由“教的专家”变成“学习的辅助者、设计者、引导者”。教师要想实现华丽转身，就必须在教学上不断学习、不断探索，努力适应信息技术时代、人工智能时代对教师角色的重新定位。

二、高校教学质量提高的必然需求

(一)回归教学本位的本质要求

20 世纪初期，美国高等教育为追求学术卓越，忽视本科教学，一度造成了毕业学生能力素质高，道德品质低。美国斯坦福大学校长唐纳德·肯尼迪曾犀利地指出：“大学要担负起‘教学责任’，大学的主要工作是教学工作，大学是探索真理和教书育人的地方，是教师与学生思想与灵魂进行交流与碰撞的双边活动场所。”[①]为了重振大学教学职能，改变教学地位边缘化的现状，以“提升教学地位”的高等教育改革在全球如火如荼地开展起来，尤其是美国学者博耶创造性地提出了“教学学术”概念，他认为高校教学不仅在于传播知识，更在于如何与学生在教学互动中改造知识与扩充知识，在教学过程中，教师不再是教授角色，同样也是探究者和创造者。[②] 美国高校在重回教学本位的实践中进行了很多积极的努力，使美国高校发展走上了新台阶。

我国高校也普遍存在“重科研轻教学”的现象。然而，近年来，在教学学术理念和教学本位思想的引导下，我国教育管理部门和高等教育开始重新审视教学与科研的相互关系，他们认识到高校是知识传授的主要场所，教书育人是教师首要职责，要想履行好这一职责，教师尤其是青年教师就必须要不断提高自身教学能力和教学水平，积极开展教学内容、教学方法、教学设计等方面的反思，推动教学实践与学术相结合，促进教学改革，提升高校教学质量。

(二)提高高等教育质量的必要条件

教师教学发展对高等教育质量的影响无疑是直接且深远的。北大前校长蔡元

---

① [美]唐纳德·肯尼迪著．学术责任[M]．阎凤娇等，译．北京：新华出版社，2002.

② 博耶．关于美国教育改革的演讲[M]．北京：教育科学出版社，2002.

培曾说："大学者，研究高深学问者也。"清华前校长梅贻琦也曾指出："大学者，非谓有大楼之谓也，有大师之谓也。"由此可见，高校教师队伍发展是保障高校教育质量的重要方面，高校教师的发展状况直接反映了高校教学质量和制度建设水平。

截至2020年，我国高校专任教师总人数已达到了183.3万，然而其中绝大多数没有经过系统的教师专业培训，尤其是刚毕业的博士、硕士，他们既没有教育理论知识，又缺乏教学实践经验，走上工作岗位后主要依靠老教师"传帮带"，或自己摸着石头过河，自我总结、自我反省、自我提高。但这种初级的教师教学发展方式已经不能适应日益激烈的社会变革，尤其是青年教师接受教学提升的指导较少，对高等教育规律难以充分把握，不能灵活运用教学方法，影响了课堂教学效果，也影响了高等教育质量的提升。因此，高校青年教师教学发展对高校教育质量的维护和提升具有重要的意义，青年教师教学发展是高校质量提升的必要条件、核心动力。

第二节　高校青年教师教学发展的内容

高校青年教师教学发展的内容丰富多样，主要包括教学整合能力、教学设计能力、教学实施能力、教学研究能力、教学理解能力五个方面。其中，教学整合能力是前提，教学设计能力是基础，教学实施能力是核心，教学研究能力是支撑，教学理解能力是生力点。

一、教学整合能力

教学整合能力是对不同层次、不同方面教学能力的有机综合，其目的是在教学过程中实现"1+1>2"的最优策略。教学整合能力具体是指教师在教学实践中，通过组织和协调课程教学和实践活动，来寻得理论教学和实践教学的最佳结合点，以最大限度提升学生的学业水平和能力素质。具体包括四个方面内涵：一是对教学各个环节的整合。①教学目标与教学内容的整合能力。即教师在课程准备过程中，根据教学目标选择教学内容的能力。②教学方法与教学内容的整合能力。即教师在课程教学过程中，选择与教学内容相匹配的教学方法的能力。二是对教学与学术研究的整合。即教师在教学过程中，将研究新成果、新理念融入教学各环节的能力。三是对教书与育人的整合。即教师在教学过程中，根据学生学习情况选择教学内容、教学方法的能力。四是对教学与信息技术的整合。即为了适应信息技术的快速发展，教师在教学中将现代技术熟练融入课堂教学的能力。

二、教学设计能力

教学设计是教师立足教学规律和学生特点，制定教学目标，规划教学过程，优化教学策略，设计教学步骤，为打造高质量课堂教学效果而制订方案的全过程。教学设计能力是青年教师在掌握了教学基本理论、基本技能的基础上，综合运用教育学、心理学等知识，依据课程标准设计生动有趣又契合目标的教学计划所应具备的能力，具体包括：

1. 教学目标设计能力

教师在设计教学目标时，要综合考虑学生德智体美劳等的全面发展，目标制定既要体现知识与技能的增长，又要体现过程与方法的掌握，还要体现情感、态度、价值观的优化，教师还需根据课程教学内容，及时调整各个要素在目标设计中的占比，使教学目标始终保持完整性、合理性和可行性。

2. 教学过程设计能力

教学过程设计主要包括教师对教学内容的组织安排及教学方法、教学手段的选择等。首先，对教学内容的设计。教学内容是教师开展教学活动的基础和依据，教师在设计教学内容时，必须紧紧围绕课程教学大纲和教学目标，对教材内容进行深度解析与重构，明确内容的前后联系、深度和广度，理解教材的编排逻辑和知识脉络，明确教学重难点。其次，教学方法和教学手段的设计。教学方法和教学手段是教师教学和学生学习的桥梁，在教学过程中发挥了传递教学信息的重要作用。随着现代教育理论的发展和信息技术的不断进步，教学方法和教学手段日益丰富，教师要根据教学目标、课程内容、教学要求，合理地选择和使用教学方法、教学手段。科学的教学方法与手段不仅使教学内容得到了丰富，还增加了课堂氛围的活跃度，有利于激发学生的学习热情。

三、教学实施能力

教育部将教学实施能力定义为“教师在一般教学情况下有效地实施所设计的教学设计，并能够根据教学实际情况控制教学活动的能力。”[①]国内学者左明旭也提出，教学实施能力主要包括课堂组织与管理能力、语言表达能力、教学监控能力、教学媒体的选择与运用能力、因材施教能力、教学机制和板书的设计与运用能力等七个维度。本书将教师教学实施能力定义为教师为满足学生的学习需求，激发学生的学习动力，采取一系列教学举措和技术手段的能力。主要包括以下内容：

---

① 教育部师范教育司．教师专业化的理论与实践[M]．修订版．北京：人民教育出版社，2003.

1. 课堂导课能力

课堂导课能力是指教师在课堂教学开始时，采用特定方式，引起学生注意力，激发学生学习兴趣，使学生产生学习需要，进而全身心投入课堂教学活动。教师可以开门见山地直接点明课堂主题，提示重难点；可以通过典故、笑话等引起悬念，勾起学生兴趣，使学生快速产生求知欲；还可以通过创设一定的教学情境，让学生“身临其境”地体悟教学内容的内涵；也可以通过讲述新旧知识之间的联系，通过“温故”而启发学生“知新”。导课是课堂教学的重要环节，好的导课有针对性，能够满足学生听课的需要；有启发性，能够鼓励学生发散思维；有新颖性，能够吸引学生的注意指向。总之，正确恰当地运用导课，能够为学生营造良好的学习环境和心理准备，为完成课堂教学任务起到先声夺人的效果。

2. 课堂讲授能力

课堂讲授能力是指在课堂教学过程中，教师采用语言、表情、动作等表达手段向学生传递知识、说明事实、传授技能的能力。具体表现为：第一，课堂讲授的内容要精选。教师课堂讲授的内容必须是正确可靠的、经得起实践检验的，应当有很强的思想性，不能为追求创新、追求生动而偏离了教学实际。第二，课堂讲授层次要清晰。教师的课堂讲授要做到纲目分明，重难点突出，各教学内容之间要注重把握知识的内在联系，将教学内容围绕教学主线，有机衔接、前后呼应。第三，课堂讲授表达要规范。教师课堂讲授要注意语言表达艺术，课堂讲授的表达要规范、生动、精炼，集思想性、理论性、实践性于一体，不能用模棱两可、含糊不清的语言，不讲空话套话，要坚持做到课堂讲授为教学内容增光添彩。

3. 教学方法的运用能力

客观地说，要真正评判一堂课是否有效，除了教学内容的合理组织外，很大程度上看教师的教学方式方法。教学方式方法呆板的课堂，不会受到学员的欢迎，教师的付出与学生的收获不能同向而行。教师在理论课教学过程中，尤其要注意灵活采用教学方式方法。比如采用讲授式方法，一般要结合案例，该拓展时一定要旁征博引；采用学生试讲和组训示范，一定要注意加强引导和帮助，让学生做好充分准备，能很自信地站上讲台或训练前台，教师的点评总结也要到位；采用讨论法，一定要注意讨论的主题有意义有价值，要组织有序，始终围绕主题开展讨论。另外，无论采取哪种教学方式或方法，都要进行有效的课堂时间管理。无论是单纯教的方式、学的方式还是教与学合作的方式，科学的时间分配和管理往往是整个课堂取得成功的一个关键性因素。

4. 教学手段的运用能力

教学手段的运用能力是指在课堂教学过程中，教师合理选择教学手段，实现传统与现代教学手段的有机结合，充分发挥教学手段教学效果最大化的能力。一是板书设计和运用能力。教师采用精炼的文字、符号、公式、图表等方式将教学内容展示给学生，可以帮助学生加深对所学知识的理解与掌握，有利于提高课堂教学效果。二是教学媒体运用能力，是指教师在课堂教学过程中，恰当地运用教学媒体以辅助教学目标得以顺利实现应具备的能力。

5. 课堂组织管理能力

课堂组织管理能力是指在教学过程中，教师维持教学秩序，营造良好教学氛围，保证教学活动顺利展开所必备的能力。教师的课堂教学组织管理能力主要表现在：第一，教师要组织管理教学秩序。教师采用语言、行动等措施或方法，加强对课堂的秩序管理、纪律规范，确保课堂教学活动能够顺利实施。第二，教师要营造良好的教学氛围。良好的教学氛围可以使学生在轻松、愉悦的环境中全身心投入学习，学习效率更高，学习效果更好，同时还能抑制不良学习行为的发生。第三，教师要组织学生开展学习活动。教师要坚持“以学生为中心”的原则，积极适应师生角色的转换，让学生成为课堂教学的主体，教师作为课堂教学的主导者，积极调动学生参与课堂学习与讨论。

6. 教学评价能力

教学评价是教师教学活动中不可或缺的环节，它从整体上对教学活动的全过程、各要素进行监督和调控，进而保证教学过程中各项活动的目标达成度，在教学中发挥着重要的作用。本书根据研究需要，将教学评价定位为教师对自己课堂教学全过程的评价，以及对学生的学业评价。教师的教学评价能力是指教师根据课程教学目标，采用科学的评价方法和评价指标，对教师的教学行为和学生的学业情况进行科学、客观地调查与分析，以求改进教学工作的能力。教师教学评价能力主要包括课程教学质量评价和学生学业成绩评价。课堂教学质量评价的能力是教师在课程教学时间内有计划、有目的地收集、调查、分析、处理教学活动中的各种信息，根据科学的评价指标对课程教学做出判断的能力。学生学业成绩评价的能力是指教师在教学过程中，运用各种评价方法了解学生的知情意行等方面的学习状况，判定学生学习目标的达成情况，然后根据反馈信息改进教学工作的能力。

7. 教学反思能力

孔子曰：“见贤思齐焉，见不贤而内自省也。”反思是个体自我成长、自我修炼的重要途径。教学反思是教师对自身教学活动及其相关环节进行反复自省和检视，从而发现教学过程中存在的困惑、不足、问题等，并予以完善、解决，以求进一步提高教学质量的过程。反思的目的是提高教学质量。

教学反思能力是指教师基于自己的教学活动过程，对自己在课堂教学中的教学理念、教学行为以及所产生的教学效果进行自我评价、反馈、控制、调节、分析的能力。教学反思能力能够提高课堂教学质量，促进教师专业发展。[①]

四、教学研究能力

教学研究能力是高校青年教师教学发展的关键因素。教学研究能力是指教师运用一定的教学理论和教学方法，在教学实践中探究教学真相、性质以及规律等能力，是为了解决教师在教学实践中所遇到的问题。[②] 教学研究能力主要包括教学创新能力、学科发展能力。

教师的教学创新能力是指教师利用已有的知识、信息和经验，在教学过程中形成自己独特的教学风格的能力，包括教师对教学内容的创新，即将学科专业的新知识、新理论融入书本教学；对教学方法的创新，即教师在教学反思和日常学习中汲取更多的经验，根据教学内容综合运用不同的教学方法。教师的学科发展能力是指教师能够在对所教学科高度把握的基础上，进一步理清学科发展脉络，紧跟学科发展前沿知识的能力。在实际教学中，只有具备洞察学科发展能力，才能将最前沿的学科知识充实到教学课堂中，使教学内容与时俱进。[③]

五、教学理解能力

教学理解能力是指教师基于教育教学的基本认同和学生情况开展教学的能力。具体包括：一是教师对教学规律的认同与理解；教学规律是制定教学原则的重要依据，教师要对教学现象之间的必然联系，以及事物发展变化的趋势有充分的认知，从而更好地指导教师的教学实践。二是教师对学生的应然、实然和必然三个方面的理解。应然理解是指教师在理论层面对学生的成长规律、心理特点、学习状态的认识与把握；实然理解是指教师在现实层面对学生生活基础、知识储备、前期经验等的了解；必然理解是教师结合应然理解和实然理解，根据学生的具体需求，设计有效的教学场景，促进学生学习。

总之，青年教师教学能力不是一个简单的概念，它有着丰富的内涵，它是由诸多要素构成的，这些要素不是简单的堆砌，而是相互联系的有机结合，即知识管理能力是前提，教学组织能力是基础，教学监控能力是核心，教学研究能力是关键。

---

① 曹江．高师学生教学能力培养研究[D]．石家庄：河北师范大学，2009.

② 隋郊．地方本科院校青年教师教学能力影响因素及提升策略研究[D]．沈阳：沈阳师范大学，2015.

③ 曹江．高师学生教学能力培养研究[D]．石家庄：河北师范大学，2009.

第三节　高校青年教师教学发展的模式

“模式”在汉语词典中的解释为“某种事物的标准形式或使人可以照着做的标准样式”[①]。在英语中,“模式”源于拉丁文“modulus”,现代英文为“model”,可以译为“模型、典范、标准样式”,是指具有操作性的知识系统,是理论转化为实践的结构形式。[②] 本书将模式定义为人们为了实现特定目标,针对需要解决的问题所采用的方法和路径。

高校青年教师教学如何发展?采用什么方式发展?是青年教师教学发展亟待解决的核心问题。本节主要介绍三种青年教师教学发展模式:自我发展模式、实践研习性模式、非正式合作模式。

一、自我发展模式

陈向明教授指出“教师专业学习主要是从教师真实的学习体验出发,理解教师针对自己工作中的具体问题,而后与教师同行、外来专家共同建构知识的过程。”[③]由此得出,自我发展模式是指教师在自我发展意识的引导下,通过自主学习或者合作学习等方式,努力提高自身教学能力、教学素养,不断进行教学改进和教学创新。

(一)自我发展模式的理念

2006 年,帕莫拉·埃德姆斯提出了大学教师发展的三种模式,即理性主义发展模式、行为主义发展模式和建构主义发展模式,其中,理性主义是自我发展模式的理论基础,它提倡逻辑推理和实证,认为推理和实践研究是知识探究过程中最重要的环节,是新知识产生的主动力。根据这种理论衍生出的自我发展模式理念,是指高校青年教师个性比较成熟,他们具有很强的理性思维,能够自主管理教学行为,具有自我发展的能力。在自我发展模式中,教师自我发展意愿是教学发展的决定性因素。

(二)自我发展模式的目标

在自我发展模式中,青年教师的发展目标是,在专家或前辈的指导下,能够对自己的教学活动进行反思和总结,主动探索教学方法,处理师生关系,发现教学规律,进而促进自身教学能力不断提升。

---

① 辞海编辑委员会. 辞海[M]. 上海:上海辞书出版社,1980.

② 范智,林家勤. 现代教学基础理论[M]. 合肥:合肥工业大学出版社,2021.

③ 陈向明. 从教师专业发展到教师专业学习[J]. 教育发展研究,2013(8):1-7.

(三)自我发展模式的操作方式

自我发展模式的操作方式主要包括五个方面:自我发展的意识、确定差距、制订发展计划、实施发展计划、自我评价。

1. 自我发展的意识

在自我发展模式中,青年教师在教学活动之初,对自己的教学行为和教学目标有比较清晰的认识,基于这一认识,教师对自己希望达成的教学目标产生预期,预期中包括自己将会做哪些教学准备、教学过程的设计、教学中可能遇到的困难及处理办法、师生关系的处置、同行或专家对自己的教学评价。青年教师即将开展的教学活动会围绕这一教学认知来展开。

2. 确定差距

在自我发展模式中,青年教师根据对自我的认识和发展的预期目标,从教学计划、教学设计、教学安排、教学实施、教学技术运用等方面寻找自己需要提升的能力点,确定需要努力的具体方向。

3. 制订发展计划

在自我发展模式中,青年教师在明确了自身教学现实和教学预期之间的差距后,需认真考虑自身教学发展的可能性与现实性,综合考虑自身已有的教学经验,以及实现教学目标所需完成的能力训练和知识培训,而后充分利用校内外资源、线上线下平台,结合自身需求,制订切实可行的培训计划,将自己的教学发展目标付诸实践。

4. 实施发展计划

在自我发展模式中,青年教师将计划付诸实践是最重要的环节。他们根据已制订的发展计划,进行逐一完成,同时,在实施过程中,时刻对照发展目标,反思和总结自身的行为,确保发展目标能够一一落实。

5. 自我评价

在自我发展模式中,青年教师在完成发展计划后,充分了解自己的教学水平,发现自己的教学问题,客观反馈自己的学习成效,切实将学习的内容纳入自己的教学规划,用新的理念和经验指导日后的教学工作,实现自身发展的良性循环。

(四)自我发展模式的实现条件

在自我发展模式中,青年教师要想实现教学能力的提升,首先要科学、理性地分析自己在教育教学中存在的问题及突出特点,然后根据自己的个性特征及专业规律选择自己的发展目标,最后采用适当的方法、路径促进自己教学能力的提升。在整个过程中,自我发展的意愿是青年教师教学发展的根本动力,能够激发青年教师自我发展、干事创业的内驱力;实践是青年教师教学发展的基础,青年教师通过培训、研究、讨论等实践活动不断提高自己的教学能力;外部支持是青年教师教学发展的助推器，教师之间的交流与合作，能够帮助青年教师建立友好、互助、和谐的人际关系，进而使青年教师能够获得来自同事、领导真诚的帮助。

综上所述，在自我发展模式中，青年教师的教学发展是极具理性的发展，它有很强的逻辑性和科学性。在模式中，教师非常尊重知识、尊重经典，坚持向专家学习、向实践学习，能够理性地分析自己在教学中的优点与不足，科学地确定发展目标，整合教学资源，利用先进手段，进而选择出适合自己教学能力发展的途径，促进自身能力素质不断提高。

二、实践研习性模式

高校青年教师教学发展主要包括获取教学的直接经验和间接经验，直接经验主要来自于教师教学实践，间接经验主要来自书本或他人，青年教师教学发展要将学习、思考、实践有机结合起来，在实践中学习，在学习中思考，从而获得教学能力的不断提高。实践研习性教师教学发展是指以大学教师的教学实践为出发点和归宿，以完善和提高教师的教学实践为目标，以观摩教学、教学研究、合作交流和试验实践为基本方式的大学教师教学发展。①

（一）实践研习性模式的理念

实践研习性模式是以帕莫拉·埃德姆斯的行为主义发展模式为理论基础。行为主义发展模式强调知识与实践的关系，认为知识是伴随着刺激—反应而产生的，及时地反馈和强化对教师掌握知识非常重要。行为主义的观点直接指向个体行为，对教师教学发展的指导很有针对性和实效性。根据行为主义发展模式衍生出的实践研习性教师教学发展模式，主要是指教师教学发展就是刺激—反应—修正的过程，教师通过外部观察与反馈，自身的练习与实践，获得知识的增长和能力的提升。行为变化是教师教学发展的追求与结果。

（二）实践研习性模式的目标

在实践研习性模式中，实践是青年教师教学发展的前提和基础，通过完善教师教学实践，引导青年教师在实践中总结、探究、反思，进而提高自身的教学能力。

（三）实践研习性模式的操作方式

1．教学观摩

教学观摩是实践研习性模式中非常重要的一种方式，这种模式源自班杜拉的观察学习理论，班杜拉指出人们可以通过观察别人的行为及行为的后果而间接地产生学习。在该模式中，高校青年教师相互之间经常观摩教学、互动交流，接受大

---

① 雷玉．大学教师教学发展模式研究[D]．武汉：武汉理工大学，2014．

量的教学刺激，从而激发自己的学习动机。

在该模式中，青年教师通过教学观摩，一是可以扩大自己的教学资料库，二是学习其他教师不同的教学方法、教学艺术、教学技术、教学策略，三是通过比较学习，丰富自己的教学智慧和教学理念。青年教师通过教学观摩，找到自身的差距与不足，激发自己的学习意识和上进意识，是提高教学能力最直接、最有效的方法。

2. 教学研讨

教学研讨是指教师为了更好地完成教学任务，创造开放、自由的教学氛围，共同研究、共同探讨教学现象，并在实践中完善教学活动。在实践研习性模式中，青年教师通过教学研讨，提高自己对教学活动的理解，解决自己对教学的困惑和疑虑，丰富自己的教学内涵，创新教学活动，改造教学经验，鼓励教师燃起教学热情，激发教学发展的斗志。

3. 教学研究

教学研究是提高教师教学质量的有效手段，更是青年教师突破自我，实现更高层次教学发展的重要途径。在实践研习性模式中，教学研究是高校青年教师发展的关键点，他们将先进的教学理论同教学实践相结合，围绕课程目标、课堂教学、基本教学技能、教学基本功等内容进行研究，通过提炼、升华，得出有益的结论，进而应用于教学实践。因此，教学研究的深浅在一定程度上影响了教师教学能力的高低，青年教师通过教学研究，积极进行教学改革探索，突破职业发展的各种障碍，获得职业发展的成就感。

4. 教学练习

在实践研习性模式中，教学练习是指青年教师在确定了教学发展目标、任务与计划后，进一步确定了教学发展的基本操作，然后逐渐学习并掌握某项教学技能与教学方法等。教学练习是教师追求在短时间内，实现由不能到能、由不擅长到擅长的过程。教学练习通常指向可操作性与可检验性比较强的教学发展内容，如某种教学方法、某项教学技术或某种具体教学方式等。①

5. 教学实践

在实践研习性模式中，教学实践是一种将知识运用于实践的活动，它集知识、能力、技术于一体，是指青年教师在教学理念的指导下，运用教学手段、教学方法、教学技能，完成教育教学工作。

(四)实践研习性模式的实现条件

实践研习性模式的实现条件主要有以下几个方面：

① 吴振利．美国大学教师教学发展研究[D]．长春：东北师范大学，2010.

第一,实践是认识的基础。实践研习性模式认为高校青年教师获取教学认识的过程就是实践—认识—再实践—再认识的过程,教师通过知识生产和创造,不断提高自身的教学认识,改造自己的教学实践。

第二,实践是检验真理的唯一标准。实践研习性模式反对直接告知教师哪种教学方式更有效,主张指导青年教师在教学过程中自我发现、自我反思,根据自己的实际情况,扩展专业知识,更新教学理念,改善教学方法,优化教学手段,从而提高自身的教学能力。

三、非正式合作模式

一般来说,合作是高校青年教师教学发展的重要途径之一,教师合作通常围绕明确的目标和共同的任务来展开,通过合作产生共振共鸣,促进教师发展和高校教育质量提升;但是,这种正式的、有确定目标的合作往往会给青年教师带来紧张感和抗拒感,进而使得正式合作无法彻底地发挥效用。为了优化教师合作,美国大学提出了一种非正式的教师发展方式,认为教师的教学发展应当是自然而然发生的,反对紧张严肃的教学合作,主张采用激励和引导的方式鼓励教师自愿加入教学合作,教师之间通过友善观摩、彼此学习、相互借鉴,实现教师教学发展,如午餐会等,在不明确任务的条件下,为教师创造和谐、信任的交流氛围,将教师的教学发展与情感交流结合起来,使教师获得全面的提升。

(一)非正式合作模式的理念

非正式合作模式以帕莫拉·埃德姆斯的建构主义为理论基础。建构主义发展范式认为,知识具有主观性、情境性、复杂性,知识的建构过程,指建立在参与者兴趣的基础上,大家共同参与,进而使个体的知识和经验在交往中发生重构或创造,再用新建构的知识去引导下一步的行为。这一理论运用于教师教学发展,指的是教师教学发展是教师内在建构教学知识的过程,它重视对话、讨论、研讨在教师教学发展中的价值,认为只有在这样相对平静、和谐的合作中,教师集体才能够更有效地建构教学知识。

(二)非正式合作模式的目标

在非正式合作模式中,创设安全、轻松、愉悦、支持的人际环境是促进教师教学发展的重要目标,良好的氛围、轻松的环境有利于推动教师之间敞开心扉、畅所欲言,积极开展教学实践的交流与分享,从而扩大教师教学发展资源,促进教师教学能力的不断提升。

(三)非正式合作模式的操作方式

1. 学术午餐会

它是非正式合作教学发展模式的典型方式。它通常发生在午餐时间,感兴趣的青年教师自愿参加,针对教学中遇到的问题进行交流、探讨,教师之间是平等、公平的关系,多以随性发言和自由讨论为主,讨论后不需要进行总结。这种形式有利于青年教师认识更多的同行,思考更多的教学问题,还有利于促进跨学科、跨领域教师产生互动和学习。

2. 教学咨询

教学咨询是以教学理论和心理咨询技术为基础,在青年教师遇到教学问题时,向专业人员或导师进行请教,他们对青年教师提出的教学问题、教学困难进行系统的、专业的分析和指导。教学咨询的方式有当面咨询、电话咨询、团体咨询,其中,当面咨询是最有效、最直接的形式,这种方式使得青年教师与咨询师之间精准对接教学问题,使教学咨询能够充分展开,进而达到协助教师提升教学素养和教学质量的目的。教学咨询非常适用青年教师。

(四)非正式合作模式的实现条件

非正式合作教师教学发展模式认为轻松、愉快、安全、和谐的人际关系有利于促进教师的教学发展,在这样的氛围中,教师能够敞开心扉、畅所欲言,不必因为害怕将自己的缺点暴露于人前而畏缩,也不必因为严肃刻板的合作氛围而感到焦虑和紧张。青年教师周围的同事、领导、导师都是非常好的学习对象,青年教师应该经常并且有意识地学习和借鉴他们的教学方法和教学技巧。[①]

非正式合作教师教学发展模式消除了正式合作中的严肃刻板,使青年教师在教学发展过程中获得了情感的抚慰和支持,在愉悦的人际关系中,青年教师能够获得恰当的赞美,愿意放下心中的芥蒂,与他人轻松、友好地交流。非正式合作模式能够为青年教师教学发展提供持续的、积极的反馈,为青年教师教学发展提供了不竭的动力。

第四节　高校青年教师教学发展的途径

当前,世界越来越多的国家将高校教师教学发展作为一项全面性、系统性、综合性的活动,各国积极促进教师的全面发展,高校之间相互借鉴、相互影响,在推动高校教师教学发展的过程中都创造性地提出了很多新方法、新思路。

一、以培训研修为主体,培养教师的教学实践能力

教师培训和教师研修是高校青年教师教学发展的主要形式,对教师教学实践

---

① 雷玉. 大学教师教学发展模式研究[D]. 武汉:武汉理工大学,2014.

能力提升起到了最直接、最有效的作用。高校青年教师教学发展主要包括理论知识、实践知识、操作知识、技术知识，这些知识主要用于解决青年教师教学过程中的技术、方法、对策、步骤、技巧、观念等障碍或问题。通过形式多样的培训、研修，能够帮助青年教师构建教学知识的框架，提高教学实践能力，进而激励青年教师自动自觉开展教学改革。目前，高校教师发展采用的常用方式有教学培训、专题讲座、工作坊、研讨会等，从理论和实操两个方面帮助教师学习教学知识，提升教学技巧。

培训是目前最普遍的教师发展方式，许多高校都自主开办或者依托校外培训机构开展一些教师培训类课程，主要是围绕课程教学的各个方面，采用线上和线下课程相结合的方式为教师提供教学支持；专题讲座主要是围绕某一教学主题邀请相关学科专业开展集中面授，为教师提供现场指导；工作坊和研讨会主要是就某一主题开展讨论、学习、知识讲解和经验分享，这种形式互动性强，能够提高教师的参与度；教学观摩则是青年教师最重要的学习环节，从观察学习他人的经验，到自己投入教学实践，而后进行教学反思，这对青年教师教学实践能力的养成具有重要的促进作用。

二、以咨询评价为手段，强化教师的教学反思意识

教学咨询是高校为青年教师发展提供的一项个性化的教学服务，是一种引导教师进行教学反思的重要手段，对青年教师提高教学能力、促进教学发展、创新教学模式有着极其重要的作用。教学咨询的主要内容包括课程设计、教学方法更新、教学手段运用、教学反思等，多采用个人咨询与团体咨询、同伴咨询与导师咨询、面对面咨询与在线咨询等方式。

教学评价是高校内部教学质量保障体系的重要组成部分，主要是通过收集、分析教师教学的各种信息和数据，对教师教学行为进行监督、检查，并向教师反馈评价结果，对教师教学进行指导，进而达到提高教学质量的目的。评价的方式多种多样，按评价主体分为学生评价、同行评价、专家评价、自我评价。按评价方式分为问卷调查、网上评价。部分高校还会建立“教师教学成长档案”，通过这种方式全面记录教师教学发展的各项活动，并以此为教学评价的重要依据。通过咨询评价，青年教师对自己的教学状态有比较清晰的认识，能够做出基本的价值判断，增强了教师教学反思的意识，提高了教师教学反思的能力。

三、以研究项目为载体，促进教师的教学研究水平

科学与人类文明的进步、国家社会的发展密切相关，科学研究是高校的重要使命，是高校教师发展的动力源泉。当前，世界各国的竞争主要是人才竞争，更是科学的竞争，高校教师，尤其是青年教师，作为教学改革和科技创新的主力军和生力

军，其科学研究水平是决定高校发展的关键，也是决定国家未来发展的原动力。因此，全面提升青年教师的科学研究能力，激发青年教师的学术主动性，是教师发展的关键环节。

各高校以研究项目为载体，积极为青年教师创造科学研究的有利条件，将研究项目与实际问题密切相连，积极关注教师教学能力提升、教学方法开发、教学改革研究、学生学习研究、学生学习动力提升、教学管理等方方面面，激励教师有针对性地开展研究，提高学术科研水平。研究项目的提供方式主要有资助和竞标两种形式，经费来源主要是政府、高校或相关机构。资助是指政府或相关研究组织为本领域的教学研究者进行有指向的项目分配。竞标是指青年教师个人或团体围绕相关主题进行主动申报，能力突出者可获得竞标。在项目研究过程中，"导师制"是最突出、最常用、效果最明显的指导方式，为青年教师与资深教师搭建了学习和进步的桥梁。项目研究成果多以著作、论文或报告等方式为主要输出渠道，通过公共研讨会、学术演讲、年度报告等将研究结果公布于众。

四、以共享资源平台为纽带，提升教师的教学交流质量

当前，世界各国都积极推进大学教师教学发展，充分利用科学技术和网络技术，致力打破时空限制，搭建各类教育教学资源共享平台，促进大学教师通力合作，提高青年教师的学习效率。

随着互联网技术的快速发展，高校也开始将各种电子媒介、电子平台引入高等教育，如创建在线研修平台、在线会议系统、视频教学系统、虚拟仿真平台等，将教育教学的各类资源，如图书、期刊、报告等全面纳入资源库，为学生和教师提供集视、听、教、学、做于一体的学习平台，为教师的教学交流发挥积极作用。一方面，高校借助互联网平台，建立学习共同体，围绕某一具体的教学主题开展资源共享、经验分享和学术讨论；另一方面，高校通过网络、简讯、邮件等媒介宣传教师发展活动，并开展问卷调查或访谈，对国内外青年教师发展的现状进行研究和分析，进行信息共享。

由此可见，依托现代信息技术构筑青年教师共享资源平台，不仅是推动青年教师学习共同体的重要基础，还是促进青年教师发展的重要路径。

第四章　高校青年教师教学发展现状

本章摘要

高校青年教师教学发展是一个多维度的问题，既可以从教师个体角度来思考，也可以从组织机构层面来言说。对于青年教师来说，他们在高校通过学习和适应，日渐明晰了自身的发展状态，了解了自身的发展需求，同时，高校也为青年教师的发展提供了机会和支持，但是，在具体的实践过程中，两者并非总是一致。因此，本章聚焦高校青年教师的教学发展现状，通过问卷调查的方式收集相关数据，分析高校青年教师教学发展的现状，探讨高校青年教师教学发展的影响因素，为青年教师改善教学行为、教学策略提供了参考。

第一节　高校青年教师教学发展现状的问卷调查

一、问卷设计

(一)问卷设计思路

为了研究高校青年教师教学发展情况，深入分析高校青年教师教学发展过程中存在的问题，我们设计了《高校青年教师教学发展调查问卷》。问卷在设计过程中参考了《大学教师教学发展调查问卷》(百度文库)和《地方高校教师教学发展情况调查问卷》，编写组经过讨论交流后，并结合本书研究内容和调查对象的特征，最终形成了《高校青年教师教学发展调查问卷》。

(二)问卷内容

问卷从高校青年教师的基本信息入手，涉及高校青年教师的知识结构、教学投入、教学技能、高校重视程度以及相关支持等方面，问卷调查共分为四个部分，第一部分为基本信息，设置了6个问题。主要是了解受访对象的性别、受教育水平、职称、任教年限以及承担的教学任务等情况。第二部分是教师的知识结构情况，设置了6个问题，主要目的在于了解青年教师入职前是否具有教育教学知识或是否具有一定的教学经验。第三部分是教学能力提升途径情况，设置了 10 个问题，主要涉及高校、院系、教师自身等对青年教师教学发展的重视程度。第四部分是教师教学基本情况。主要是了解高校青年教师对教学的认知、对教学的态度、对教学的投入、课堂教学基本功等方面的问题。

二、问卷调查的实施

（一）问卷调查方法

根据本书确定的研究方案，我们采取问卷调查和访谈相结合的方式，调查、了解高校青年教师教学发展现状，找出高校青年教学发展过程中存在的问题，分析问题的成因，同时，提出高校青年教师教学发展的现实需求，为高校促进青年教师教学发展，提升青年教师教学能力提供理论依据和实践参考。

（二）问卷调查对象

本研究选取安徽某高校 260 名青年教师为研究对象，实际参与问卷调查的共 156 名教师。156 名青年教师中包括新任教师、教龄 3 年以上、5 年以上和 10 年以上的教师。职称结构涵盖助教、讲师、副教授、教授 4 个职级，教师样本基本可以反映高校青年教师教学发展的现实情况。

（三）问卷发放和回收情况

在向参与问卷调查的教师充分解释本次问卷调查结果仅用于学术研究的基础上发放了该问卷。受到青年教师教学任务和客观条件的限制，全员参与问卷调查有一定的困难，课题组充分考虑该高校实际情况，从各系选取 60%的青年教师作为调查样本，同时充分考虑了教师在性别、年龄、教龄、职称等方面差异。问卷共发放 156 份，回收 156 份（见表 4－1）。经过筛查无效问卷 6 份，最终获得的有效问卷数量为 150 份，有效回收率达到 96.15%。根据统计学对样本基本容量的要求，本次问卷调查研究的样本量满足调查需求，具有统计意义。

表 4－1　问卷发放与回收情况统计

项目	发放问卷数量	回收问卷数量	有效问卷数量
合计	156	156	150

三、问卷信度与效度分析

（一）问卷的信度

信度（reliability）主要评价量表的精确性、稳定性和一致性，即测量过程中随机误差造成的测定值的变异程度的大小。常用的信度指标有重测信度、复本信度、折半信度、内部一致性信度和评价者间信度。① 根据课题组的设计，问卷采用重测信度的方式检验了问卷的信度。在实施问卷调查前，课题组选取了 25 名青年教师，间隔两周时间，进行了两次测试，两次测试结果具有一定程度的稳定性，说明该问卷信度较好，具有可行性。

（二）问卷的效度

效度（validity）主要计价量表的准确度、有效性和正确性，即测定值与目标真实值的偏差大小。效度意在反映某测量工具是否有效地测定到了它所打算测定的内容，即实际测定结果与预想结果的符合程度。由于无法确定目标真实值，因此效度的评价较为复杂，常常需要与外部标准做比较才能判断。常用的效度指标有表面效度、内容效度、准则关联效度、结构效度、聚集效度和区分效度等。② 本问卷在批量发放前，课题组请教了高校知名教育教学研究专家和经验丰富的骨干教师对问卷的设计进行把关，经过反复分析论证，最终形成高校青年教师教学发展问卷。因此，可认定本次调查问卷具有一定的效度。

第二节　高校青年教师教学发展现状

高校青年教师教学发展既是高等教育高质量发展的根本要求，同时也是青年教师充分实现职业价值，获得充分发展的内在要求，有利于促进青年教师在教育教学过程中自我发展与组织发展的有效融合，充分实现高校青年教师的自我效能感，发挥他们在教学质量提升过程中的应有作用。本次问卷设计充分考虑了青年教师的职业本质属性和自我内在体验，通过对问卷的整理和统计，可以比较全面地了解高校青年教师教学发展的现状。本研究问卷调查对象覆盖了不同性别、年龄、教龄、学位、职称和学科的教师群体（见表 4 - 2）。

表 4 - 2　问卷调查对象基本信息情况（$N=150$）

项目	类别	人数	百分比
性别	男	86	57.3%
	女	64	42.7%

① 蒋小花，沈卓之，张楠楠，等．问卷的信度和效度分析[J]．现代预防医学，2010，37(3)：429 - 431.

② 蒋小花，沈卓之，张楠楠，等．问卷的信度和效度分析[J]．现代预防医学，2010，37(3)：429 - 431.

（续表）

项目	类别	人数	百分比
学历	本科	12	0.8%
	硕士研究生	135	90%
	博士研究生	3	0.2%
教龄	2 年以下	10	0.67%
	3～5 年	75	50%
	6～10 年	50	0.33%
	10 年以上	15	0.1%
职称	助教	10	0.57%
	讲师	98	65.3%
	副教授	36	24%
	教授	6	0.04%

通过对 150 份问卷进行分析统计，基于对高校青年教师教学发展概念的理解，主要从青年教师自身和外部环境两个方面分析高校青年教师教学发展的现状。

（一）青年教师的学历层次和职称水平较低

结合表 4－2 中某高校教师学历水平与职称结构的数据分析显示，某高校青年教师拥有本科和硕士学历的青年教师人数共 147 人，占总数的 98%，尤其绝大部分青年教师拥有硕士学历，但调查结果显示，在 150 位青年教师之中，拥有博士学位屈指可数，仅有 3 人。由此可见，随着高等教育高质量发展的要求，某高校对青年教师的学历水平要求越来越高，无论是新任教师的学历水平还是已有的青年教师的学历水平，都以硕士学历为最低标准。但是，由于该校特殊的历史背景，该校拥有博士学位的青年教师人数非常少，从而导致该高校青年教师队伍的整体学历水平处于中低层的状态。

另外，从该学院青年教师的职称结构来看，调查人员中助教和讲师的青年教师人数共有 108 人，占总数的 65.87%，而达到副教授、正高职称的教师人数较少。在高等教育高质量发展背景下，高校需要通过提高青年教师队伍的职称水平以促进高校整体教学研究能力的提升，从而形成发展优势。

由此可见，在以提升质量为核心的高等教育发展过程中，青年教师教学发展需要充分考虑高等学校教师发展的不同水平，针对不同职称、不同学历的青年教师分别开展活动，同时还要为教师学历层次与职称水平的提升做相关指导与帮助，促进师资队伍建设水平的整体提高。

(二)青年教师普遍缺乏“教育学”和“心理学”知识

众所周知,高校教师要顺利完成教育教学任务,不仅要有扎实的专业知识,而且还应有系统的教育学和心理学知识。扎实的专业知识是我们从事专业性工作所必须具备的基础性知识。作为一名高校的青年教师,拥有深厚的所授学科的专业知识,是其入职的必要条件,同时也是青年教师顺利完成教育教学工作的保障,它直接影响着青年教师的课堂教学质量和未来发展。拥有丰富专业知识的青年教师,才能在课堂教学中做到迎刃有余、水到渠成,从而有利于培养青年教师对教学的兴趣,增加教学的信心。信息化时代,知识更新速度加快,作为一名高校的青年教师,要跟上时代的变化,及时把握新时代学生学习的规律和特点,仅仅拥有扎实的学科专业知识显然是不够的,还必须掌握高等教育学和高等教育心理学的相关知识,充分把握高等教育教学规律,同时,对大学生的身心发展也要有充分了解。具体来说,系统的教育学和心理学知识,可以使高校青年教师在较短的时间内迅速转变角色,达到教师职业的基本条件。可以让青年教师在教学内容上体现创新性,不唯教材,对教学有自己的观点和见解;可以灵活运用教学方法,在课堂教学过程中,以学生为中心,积极与学生互动。另外,系统的教育学、心理学知识,可以让高校青年教师更好地把握教育教学规律和学生成长规律,能够将教学内容与教学对象结合起来,融会贯通,活跃课堂气氛,从而调动学生学习的积极性和主动性。

但是,高校青年教师大部分是硕士或博士毕业后直接走上工作岗位,很多没有经过师范类院校的系统培训,缺乏教育教学理论知识。在回答调查问卷“在我从事教学工作前,我已经掌握了充分的教育学、心理学等相关教育教学理论”一题时,60%的青年教师选择了“完全不符合”,22%的青年教师选择了基本符合,只有18%的青年教师选择了符合,这也充分说明高校青年教师“教育学”“心理学”知识缺乏的现状。

(三)针对高校青年教师的培训质量不高

教师培训是促进高校教师专业水平发展的有效途径之一。目前高校都十分重视教师的培训,尤其是青年教师的培训。教师培训的目的是促使教师具备履行教育教学职责所需的理论知识和教学能力,并为教师的个人发展、组织发展、教学发展、专业发展打好坚实的基础,是一种非学历教育的能力提升方式。青年教师的培训可以为青年教师更新教育教学理念、改进教学方法,提供与其他优秀教师交流学习的平台,及时解决课堂教学中遇到的矛盾问题,提高学生学习的积极性和学习效果,最终促进青年教师的教学发展。因此本研究调查分析了青年教师培训情况。

从调查结果分析可以看出,教师培训在青年教师教学发展过程中,起着非常重要的作用,得到了大部分青年教师的充分肯定。在回答“您参加过的教学培训对您教学工作的帮助程度”问题时,82%的青年教师选择了“非常有帮助”。在“您认为您的高校为青年教师提供教师培训的必要程度”这一问题上,79%的青年教师选择了“非常必要”,只有2%的青年教师选择了“不确定”,由此可见,教师培训是青年教师教学能力发展的重要途径。

从问卷调查数据分析来看,虽然大部分青年教师对教师培训持认可态度,但是,从整体来看,教师对现有的教师培训质量和形式不是很满意,只有50.2%的青年教师选择了“我对目前青年教师培训质量感到满意”。具体表现为,有一半以上的教师认为教师培训“缺乏针对性”“培训流于形式”“培训者专业性不够”以及“培训活动安排缺乏灵活性”等问题。另外,有65.5%的青年教师认为现有的培训目标不明确,针对青年教师的培训,很多时候并没有考虑青年教师的实际需求,“缺少对培训对象特征的分析”。由于现有的教师培训无法真正体现青年教师的实际需要,因此有50%青年教师认为“培训内容与我实际需要不符合”。同时,现有的培训形式相对单一,在回答“您参加的教学培训的方式主要有(可单选)”一题时,75.2%的青年教师只选择了一种形式或者两种形式,只有20.6%的青年教师选择了三种以上。可见,培训形式单一也是高校青年教师培训质量不高的主要原因。

(四)青年教师教学发展缺乏完善的外部支持系统

高校青年教师的教学发展需要高校各方面的协调支持,营造良好的青年教师的发展氛围,但目前高校青年教师教学发展支持体系还不够完善,主要表现在以下几个方面:首先,缺乏完善的青年教师教学发展制度。调查统计结果显示,只有50.4%的青年教师在回答“我所在的高校有完善的教师教学发展制度”一题时,选择了“完全符合”,有高达36.6%的青年教师选择了“完全不符合”。高校针对青年教师教学发展的制度建设不够完善,没有完善的制度做保障,青年教师教学能力很难得到高质量的提升。其次,教师评价体系不够完善。调查显示,大多数青年教师把教学这份职业视为理想职业,并能够全身心投入教学工作中,并把大量的时间用于教学。在回答“教学是一项能带给我很多快乐的工作”一题时,86.7%的青年教员选择了“完全符合”,可见,很多青年教员以教学工作为主,在教学中体会到了成就感和愉悦感。但是,在现有“重科研、轻教学”的职称评价体系中,教师的课堂教学效果很难在职称评价中获得优势甚至是一定比例的参考标准,容易导致教师的付出得不到应有的回报。最后,组织机构支持力度不够。当前,虽然不少高校成立了教师教学发展中心,但由于各种原因,教师教学发展中心并未充分发挥作用,一定程度上影响了青年教师的教学发展。教研室作为青年教师的直接负责单位,由于授课任务重,师资力量短缺等原因,教研室在青年教师教学发展的支持作用比较有限,促进青年教师教学发展的作用没有得到充分体现。

通过对高校青年教师问卷调查数据分析，可以看出，高校青年教师教学发展情况整体上不容乐观，存在青年教师的学历层次和职称水平较低、青年教师缺乏“教育学”“心理学”系统的理论知识、针对高校青年教师开展的教师培训质量不高、青年教师教学发展缺乏完善的外部支持系统等问题。因此，在高等教育内涵式发展背景下，非常有必要深入探究造成高校青年教师教学发展不容乐观的原因。

第三节　高校青年教师教学发展现状的原因分析

通过对高校青年教师教学发展问卷调查结果的分析可以看出，随着高等教育高质量发展的快速演进，高校都非常重视高校教师教学发展，特别作为高校教师队伍大部分的青年教师的教学发展，但是目前高校青年教师教学发展还存在不少问题。造成高校青年教师教学发展出现种种问题的原因有很多，我们尝试从青年教师自身和高校组织这两个层面来探讨分析。从青年教师自身方面来看，主要有青年教师教学发展意识相对薄弱、教师教学发展投入时间不足两个方面的原因。

(一)青年教师方面:教学发展意识相对薄弱

从高校青年教师教学发展的内涵表述可以看出，教师是教学发展的主体，教师为教学发展提供了可能性，只有教师从自身发展和教学实践出发，意识到教学发展的重要性，积极主动利用自身因素和外部因素才能实现青年教师教学的充分发展。但从目前的情况来看，高校青年教师队伍中还有一部分教师存在教学发展意识不强、动力不足等问题，其原因主要体现在以下几个方面。

1. 对教学的重要性缺乏清晰的认识

问卷调查数据显示，高校青年教师对教学的重要性缺乏足够的认识。在回答“如果把教学工作和科研工作进行比较，请选择一项您的偏好”一题时。35.6%的教员选择了“偏好教学和科研两方面，但更偏好于科研”，15.3%的教员选择了“偏好科研”。由此可见，在一部分青年教师的意识中，认为高校教师的主要任务是科研，而不是教学。出现这种现象的主要原因在于青年教师受长期以来“重科研、轻教学”的教师评价制度的影响，误导青年教师认为高校教师评价的主要指标是科研。同时，高校青年教师面临着较大的职称评审压力，为了自身的进一步发展，青年教师不得不把主要精力放在科研上，无暇顾及教学工作，导致不少青年教师没有很好地承担起作为教师最基本的职责即教学工作，更谈不上自身的教学发展了。

2. 职前教学经验少

调查结果显示，大部分青年教师在就职前教学经验很少，甚至没有教学经验。在被问及“您任现职前的教学经验是”问题时，被调查者中有64.6%的青年教师选择了“我没有任何教学经验”,加之很多青年教师缺乏教育学、教育心理学的系统培训,虽然高校在对新任教师进行岗前培训时涉及了教育学、教育心理学等方面的知识,但是,这些知识因为缺乏系统性和针对性,很难满足青年教师教学的需要。因而,青年教师特别是入职前几年的青年教师,面对一系列的职业压力,比如备课,教学方法选择、课堂授课技能等各方面的压力,以至于青年教师要熟悉掌握现代教学的特征及相关要素,必须经过长时间的摸索,应付日常工作中的琐碎,难以有意识地提升自身的教学能力。

3. 缺乏明确的职业规划

调查发现,部分青年教师缺乏明确的职业规划,对于教学工作缺乏足够的热情。对于“我有明确的职业发展规划”选项,43.7%的青年教师选择了“完全不符合”;对于“我对我所教的课程充满热情”选项,“26.2%的青年教师选择了“不符合”。可见,对于部分青年教师来说,只是为了教书而教书,把教书仅作为谋生的手段,对自身的教学发展没有清晰的目标,似乎教学发展只是高校的事情,没有意识到根据自身和学科特点制定个性化教学发展计划的重要性,严重影响了青年教师的教学发展。

(二)高校方面的原因

教师教学发展是一个复杂且持续不断的过程,在这过程中,不仅需要青年教师自身具有较强的发展意识,而且更需要高校采取一系列政策措施保障其顺利发展。因而,高校青年教师的教学发展既要青年教师充分发挥其主观能动性,主动发展,也要高校方面主动作为,搞好顶层设计,建立健全相关制度和相应的奖励措施,为青年教师教学发展营造良好的外部环境。相对于青年教师自身因素来说,良好的外部环境支撑和保障是青年教师教学发展的动力,但是目前高校存在对青年教师教学发展的不够重视、制度不完善以及教学中心地位弱化等现象,严重影响了高校青年教师的教学发展。

1. 高校重视不够

高校对青年教师教学发展的重视程度,直接影响着高校对青年教师教学发展的制度、管理等各方面的支持。调查显示,高校虽然采取了一些措施促进青年教师的教学发展,也取得了一定的成果,但远未达到新时代高等教育高质量发展对教师的要求。我们可以从院校各级领导对教师发展的态度、青年教师的教学积极性、“传帮带”制度的落实情况以及青年教师教学能力提升的途径来分析高校对教师教学发展的重视程度。因而我们的问卷调查设计了高校领导的重视程度、青年教师的教学积极性、青年教师有没有机会得到经验丰富的教师的帮助以及青年教师是否有很多提升途径等方面来了解高校对青年教师教学发展的重视程度(见表 4-3)。

表 4-3　高校对青年教师教学发展的重视程度

项目	完全符合	符合	基本符合	不符合	完全不符合
在我的高校，院/系领导非常重视青年教师教学发展	20.25%	21.75%	15.65%	20.15%	22.25%
在我的高校，大部分青年教师都积极承担教学任务	33.48%	25.20%	19.99%	11.16%	10.07%
在我的高校，青年教师经常有机会得到经验丰富教师的帮助	32.84%	21.75%	24.05%	12.27%	10.10%
在我的高校，青年教师有很多途径提升教学能力	31.82%	37.25%	8.73%	5.11%	16.99%

从表 4-3 可以看出，在被调查院校中，高校领导比较重视青年教师的发展，青年教师自身也能积极主动投身到教学之中去。但是，调查也显示，在青年教师教学发展途径上，未得到高校的充分重视。对于“在我们的高校，青年教师经常有机会得到经验丰富教师的帮助”选项，有 22.37%的青年教师表示“不符合”或“完全不符合”。对于“在我的高校，青年教师有很多途径提升教学能力”选项，有 22.1%的选择了“不符合”或“完全不符合”。由此可见，虽然高校非常重视青年教师的教学发展，但是并没有有效的措施来促进青年教师的教学发展。

2. 青年教师评价制度不完善

完善的教师评价制度体现了高校对青年教师教学发展的重视程度，有助于提升青年教师的教学发展。我国高等教育从大众化进入精英化之后，高等教育质量出现了“滑坡”现象，社会、家长和学生对高等教育质量质疑之声不断出现，加之国际竞争形势加剧，高等教育在社会经济发展中的作用越来越重要，因而，高等教育质量得到前所未有的重视。随着高等教育高质量理念的提出，青年教师作为影响高等教育质量的关键因素，青年教师的教学能力提升被提上工作日程，高校采取了一系列措施促进青年教师教学发展，取得了良好的效果。但是通过问卷调查分析发现，我国高校青年教师评价制度还不够完善，一定程度上影响了青年教师的教学发展质量。

高校青年教师评价是高校管理青年教师的主要手段，完善的青年教师评价体系可以最大限度地调动教师教学的积极性，激发青年教师的教学热情，有助于青年教师专业能力的迅速提升，加快青年教师的成长步伐，从整体上有效提升高校的教学质量。但是，目前高校青年教师教学评价体系不够完善影响了青年教师教学投入度和教学积极性。主要体现在以下几个方面：

(1)评价指标“重科研、轻教学”,影响了青年教师的教学投入度。考核评价指标不科学。调查发现,当前大部分高校在教师职称评审之中的成绩评定过于看重科研成果,虽然青年教师的教学质量也在职称评审标准范围之内,但因为科研成果比较容易量化,所以更偏重于科研的数量和质量。职称评审以科研为重,使得青年教师投入大量的时间和精力发表论文,影响了青年教师的教学投入度。对于“发表论文的压力降低了我的教学质量”选项,高达50.13%的青年教师选择了“基本符合”,仅有20.12%的青年教师选择了“不符合”,由此可见,“发表论文”成为青年教师职业发展过程中压力来源之一。同时,现行的职称评审导向,无形中让青年教师感觉到“科研是工作的最重要职责”,导致青年教师忽视了教学的重要性,职称评审的压力使得青年教师必须投入很多时间和精力写论文和发论文,特别是发表论文,青年教师受经验和论文发表渠道所限,青年教师发表论文并非易事,耗费了很多精力和时间,从而影响了青年教师的教学投入,影响了其教学质量。

(2)评价过于重视“量化”,影响了青年教师的教学积极性。教师的教学效果往往通过学生的学习体验和学习效果体现,学生的学习体验呈现于课堂教学之中,教师的教学风格、教学方法、教学热情以及教学内容的选择等方面都会不同程度地影响学生的学习体验,而这些都是难以量化的指标体系。同时,学生的学习效果也很难在短期内呈现出来,需要很长的周期,也就是说,青年教师的教学效果不会立竿见影,“十年树木,百年树人”说的就是这个道理。所以说学生的学习体验和学习效果都很难在职称评审中体现出来,职称评审中将青年教师的教学工作主要量化为承担了多少课时,多少学生选课以及学生的期末成绩,这让很多青年教师感觉到为了“活跃课堂教学,提升学习质量”而做的努力白费了,没有多少意义,而放弃对“课堂教学的精益求精”,转而走向为了个人发展拼课时量,为了吸引选课人数而降低考核要求,为了提高学生期末考试成绩在考前划重点,忽视对教学内容的整合优化、多样化教学方法的灵活运用,满足于现状,不注重教学能力的提升,从而走向重数量轻质量的误区,影响了青年教师的教学积极性。

(3)评价结果“重奖罚,轻发展”,挫伤了青年教师教学发展的动力。青年教师评价目的是促进青年教师教学发展还是用于奖励或者惩罚,直接影响青年教师教学发展的内驱力。教师评价的初衷是通过对教师在工作中各个方面的表现进行科学的评价,及时发现工作中存在的问题,及时改进,从而提高教师的教学质量。但是目前我国大部分高校很难做到“以教师评价促进教师发展”,往往将对教师评价的结果与职称评审,与教师个人发展挂钩,在这样的评价体系下,教师往往处于被动地位,特别对于青年教师来说,他们因为入职时间短,教学经验缺乏,只能被动完成高校要求的教学科研任务,很容易产生负面情绪,一定程度上,影响了青年教师教学发展的动力。

3. 高校教学文化营造不够

大学作为文化育人的场所，以研发、传承和弘扬文化为己任，以研究、改良和创制文化为职能，可以说大学几乎是文化的代名词。大学文化是指在一定社会历史条件下，大学在办学实践过程中所形成的各种文化元素的总和。[①] 教学文化是大学文化的重要组成部分，有广义和狭义之分。广义的教学文化，是指一所高校、一个校际教学联盟或一个网络开放教育系统，在课内与课外、线上与线下、抽象与具象各自不同时空发挥不同功能的教学活动过程中，在一定教学理念和价值观引领下所构成的“心”文化、“教”文化、“学”文化、“管”文化、“器”文化、“场”文化等互动联通、相得益彰的系统性文化生态。狭义的教学文化是指高校教学文化，更狭义的教学文化则是指课堂教学文化。[②] 教学文化对大学教学具有引领和教学环境塑造的作用，对青年教师具有激励、引导和凝聚的功能。但由于现行高等教育教师评价机制的不完善，导致青年教师更加注重可以“看得见、摸得着”的科研成果，对于难以量化的教学成果做到“差不多”就可以了，在这种情况下谈不上教学文化的营造。因此，教学文化的激励、引导和凝聚功能很难发挥。

---

① 张凡，高田钦．大学文化力审视与培育[J]. 江苏高教，2018(5)：64.

② 韩延明．新时代大学质量文化探要[J]. 中国高教研究，2022(9)：32－36.

第五章　高校青年教师教学发展策略

本章摘要

随着高等教育的快速发展，高等教育从规模发展逐渐走向质量发展，越来越多的高校管理者认识到提高教学质量必须以发展教学为抓手，而发展教学最重要的着力点是教师。然而，我国当前的教师教学发展仍面临种种困难，青年教师教学发展更是一个长期的过程，它不仅受青年教师个人情况的影响，还受到高校和社会的影响。如何促进高校青年教师教学发展？高校管理者提出了各种建议和策略。因此，本章基于前面的调查研究，分别从理念先行、机制引导、平台支撑、自我提升四个方面提出并探讨了青年教师教学发展的策略，着力为青年教师教学发展提供全面的支持。

第一节　理念先行：推进青年教师转变教学发展理念

一、教育理念转型

理念是转型的先导，理念的更新必将带来认识的深化、困境的破解、能力的重构和改革创新行动的推动等。

一是从“以教师为主”向“以学生为本”教育理念转变。信息时代，青年教师要具备独立思考能力和终身学习能力，这就要求高校学生不能再是被动的“接收器”，而是转变为智能的“思考者”，对问题和矛盾有自己独特的认识和见解，具有较强的自学能力、研究能力、自我教育能力和自我管理能力，不再满足于“以教师为主”的知识灌输，而是渴望深入交流、创造性地开展学习和研究。因此，高校青年教师的教学理念应该向“以学生为本”转变，以满足学生的学习需求为教学的主要目标。教师不管是在理论教学中，还是在实践教学中，都要与学生多一些交流与沟通，真正成为学生的良师益友；在教学实施中运用多元互动，让学生参与到教学过程中，引导学生将实践经验与教师进行分享；在教学管理中促进多元互动，聘请部分优秀学生担任“教学助理”“研究助理”“管理助理”，使他们亦学、亦教、亦研、亦管，充分发挥出自己的才干和特长。同时，高校青年教师也要在互动过程中充实自己，提高任教能力和管理效能，达到教学相长、互相促进、共同提高的目的。

二是从“知识本位”向“能力本位”教育理念转变。对学生进行知识传授是“知识本位”教育理念的重要内容，对打牢学生扎实的科学文化基础具有重要作用。随着时代的发展，社会对大学生知识转化能力、知识运用能力要求更加突出，因此，高校青年教师要充分重视和尊重教育对象的特点，在教育理念上实现“知识本位”向“能力本位”的转变，充分调动和开发学生的巨大潜能，尊重学生学习自主性，正确判断学生的学习需要，创造良好学习气氛；还要确立发展变化的学生观，挖掘学生多项潜能，找到学生身上的闪光点，发扬并努力提升，对于学生的不足和缺失，着重改进和提高；引导学生运用辩证唯物主义和历史唯物主义的思维方法进行正确思考、分析和解决现实问题，使之成为具有全局意识、战略思维、担当意识的高素质人才。

二、能力素质转型

青年教师能力素质的优劣，直接关系到人才培养的质量和高校的可持续发展。

(一)从传统知识素质向信息素质转变

当前全球范围内发生的新变革是迄今为止人类历史上最为深刻的社会变革，信息化是新时代的本质与核心。人类社会正由机械化走向信息化，这种转化具有根本性、整体性和系统性的特征，对社会建设的各个方面产生强烈的冲击，带来全方位的改革和改造。这也要求高校青年教师要从传统的知识素质向高级的认知技能，即信息素质转变。要具备信息意识，能够主动敏锐地捕捉信息，大力开发在信息活动中的积极性、主动性、自主性和创新性；要掌握信息知识，成为一个知识渊博、信息灵通的学者；要具备开发信息能力，即获取、鉴别、处理、创新和交流信息的能力，随时对各种信息进行加工、整理，自己消化之后及时、准确地向学生“输出”，使之高效地转变成学生的知识和能力。

(二)从注重专业教学能力向创新能力转变

在以往高等教育教学中，青年教师主要依据自己所学知识和所从事专业的教学实践，遵循专业教学的内在规律，跟踪专业教学的发展前沿，进行专业教学的理念创新和实践创新。而当前世界教育的发展则要求着眼于人类发展的实际需求，不是从单一学科、专业出发，而要从人类发展与社会建设最亟待解决的现实问题出发，教学的目的性很强，重在现学现用，所以青年教师的素质能力要由注重专业教学能力向创新能力转型。包括善于发现不同专业的教学特点，用科学的教学理论指导教学改革；结合不同的授课对象，大胆提出设想，构建出适应多方向、多层次的教育体系模式;不满足于现有的科研成果、经验结论,敢于另辟蹊径;不迷信权威,对于学术问题敢于质疑;不崇拜偶像,不墨守成规,敢于冲破旧的思想束缚;坚持自己的独特见解,敢于标新立异,引导学生进行创新思维和创新实践。

(三)从课堂讲授能力为主向运用多种教学方式方法能力转变

在以往的教育教学中,强调突出教师课堂传授知识的能力,优点是有利于教学的组织、管理和教学过程的调控。但是对于当前高等教育发展来说,传统的课堂讲授方法缺点也是明显的,学生的主动性、积极性被压抑,阻碍了学生创新能力的发展。所以,高校青年教师要从课堂讲授能力为主向运用多种教学方式方法能力转变。包括掌握实践操作性强的教学方法,增大专业操作、科学实验等的比重,实施“案例教学”“研讨式教学”“自主式教学”“民主式教学”“开放式教学”“启发式教学”“问题式教学”“讨论式教学”“专题讲座式教学”“现场问答式教学”“协作式教学”等灵活、新颖、多样的教学方式,注重对学生的启迪、点拨,给学生以思维的训练和学习的方法,发挥学生的能动作用,增强其主体意识,注重学生独立操作、独立分析和解决问题能力的培养。

三、职业角色转型

职业角色简单来讲,就是指个人在所从事的社会工作中扮演的“人物”。面临社会与科技由近代化或半现代化向现代化发展和转型,教育的性质、功能、对象在发生根本性的变革,人的生物学与社会角色也发生了实质性变化,教师职业角色从古代“师傅”型角色,到近代“园丁”型角色,再到现代初期的“工程师、雕塑家”角色,不断发生转变。在当前高等教育快速发展的大背景下,青年教师的职业角色也要发生重大转型,向“合作者”“引导者”“创造者”“导演者”“管理者”等多种职业角色转变。

(一)从教学主导者向教学引导者转变

在以往教学过程中,教师大多数情况下都处于中心地位,以便起主导作用。但在现代高等教育发展的情况下,青年教师在更多的时候却要成为学生的引导者,引导学生主动思考、探索,优化学习过程、提升学习效果。首先,在教学中发挥“导演”的作用。高校青年教师要在教学中成为学生的引导者,除了对自己想要达到的教学目的进行精心设计外,还要与学生进行课前交流沟通,掌握学生基本情况,了解学生教学需求,吸收学生意见,修改教学方案,做到胸有成竹,游刃有余,场场高效,场场出彩。其次,在教学中发挥“演员”的作用。教学活动开始以后,高校青年教师开始发挥“演员”的作用,但并不是在教学中“唱独角戏”,而是建立一种民主、情感交融的新型教学关系。最后,在教学中发挥“场外指导”的作用。当学生在教学进行过程中遇到难题,或者走入思维的死胡同,教师这时必须站出来,引导学生运用所学知识，分析、判断、推理，找到解决实际问题的思路和方法，帮助学生找到答案，得出正确结论。

(二)从理论灌输者向核心价值观塑造者转变

在我国，社会主义核心价值观体现了社会主义核心价值体系的根本性质和基本特征，反映了社会主义价值体系的丰富内涵和实践要求，是社会主义核心价值体系的高度凝练和集中表达。首先，高校青年教师要具有立德树人的理念，努力推进课程思政，从政治上、全局上思考分析和处理问题，以自己优秀的政治素质和坚定的政治信念引导学生，不断强化学生的政治意识、道德意识、法律意识。其次，高校青年教师以献身教育事业的精神引导学生全部心血投入教学实践中，潜移默化带动学生树立崇高的理想，自觉自愿做好各项工作。最后，高校青年教师以崇高的学术道德操守带动学生培育高尚的道德情操和职业规范。学高为师，德高为范。教师的行动就是学生参照的一面镜子，青年教师要通过自己的模范行动，引导学生向其学习，成为能够自觉践行核心价值观的优秀人才。

(三)从个体独立研究者向新型合作者转变

网络信息技术的发展，突破了人际交往的时空界限，使“天涯若比邻”成为现实。因此，高校青年教师不仅要有自我研究的天地，还要走出去，建立与他人新型的合作关系，达到共同发展的目的。首先，与学生进行密切合作。教师加强与学生的合作，包括学习、研究、工作、生活多方面的内容。这种合作打破以往“以教师为主”的模式，强调两者的平等地位和水乳交融，通过平等交流、合作学习，形成教师和学生的合作群体，思维与智能可以被整个群体所共享，实现人力资源利用的最大化。其次，与同事进行密切合作。合作使各高校的设备资源、教学资源、智力资源都能够得到充分利用，可以大大提高工作成效。青年教师要加强与其他教师之间的合作和交流，不仅要与本校的教师进行合作，还可以与其他高校教师加强交流，针对某一课题或某一专业领域进行短期或长期的合作，积极构建新型课程体系，创新教学方法。

(四)从知识传授者向研究创造者转变

知识传授是高校青年教师最基本的职能角色，但是，随着时代的发展，特别是信息化技术的广泛使用，使教师能够从繁重的教学工作中解放出来，拥有更多的时间和精力从事教育科研创新，教师因此更多地凸显了“研究创造者”的功能任务和新的角色定位。首先，青年教师要成为自我反思、自我建构的研究者。青年教师在面对新兴出现的教育思想、教育资源、教育模式、教育过程、教育教学手段和方法时，必须要积极思考各种教育行为及其带来的各种状况，成为自我反思、自我建构能力的研究者。其次，青年教师要成为专业理论和技术的创造者与研发者。青年教师要根据时代特点，根据不断变化的社会需求，对不断涌现的新知识、新理论、新技术进行研究和发展，在指导思想、研究方法、研究手段、研究重点及运行机制上提出创新性的思路，使知识转化为生产力，使青年教师队伍成为高校教师队伍素质提高的“发动机”和“助推器”。最后，青年教师要成为课堂教学的开拓者。青年教师是课堂教学的研究者，要在探索建立符合社会要求的知识、技能和素质体系，积极推动社会的可持续发展和人才能力素质提高，从中发现具有科学性、创造性和可行性、立意新颖、值得研究的重要问题进行研究，为社会的发展、高等教育的变革推波助澜。

(五)从传统教育者向参与管理者转变

青年教师在学生培养过程中的作用越来越广泛，不仅仅只承担传统的传道授业解惑的角色，还要参与管理学生的整个学习过程、能力培养和心理调适等，从传统教育者逐渐向参与管理者转变。首先，参与管理学生的整个学习过程。青年教师要与学生之间建立起更紧密的联系，同学习、同研究、同交流，动态把握学生学习需求和不足，及时发现和处理存在的问题，从而对学生的整个学习过程进行全程调控。其次，参与管理学生的能力培养全过程。为使培养的高素质人才能够适应社会发展的需要，青年教师必须掌握“授人以渔”的教育方法，以指导学生更有效地学习训练，不仅要教会学生知识，更要教会学生思考；不仅要教会学生相应专业的知识，还要指导学生会开展相应专业的实践，这就要求青年教师要参与管理学生的能力培养全过程。最后，参与管理学生的心理调适过程。大学生大多都是青年人，思想比较活跃，容易冲动，容易受到外界因素干扰。因此，青年教师有义务参与管理学生的心理调适过程，帮助他们找到合理解决实际问题的具体办法。

第二节　机制导引：建立促进教学能力发展的保障机制

青年教师教学发展离不开有力的保障机制作为支撑，当前最迫切的是要建立健全青年教师培养、交流和激励机制。

一、培养机制

当今世界，科学技术日新月异，网络技术迅速发展、教育变革不断深化，对青年教师教学能力提出更高的要求。推进青年教师教学能力发展，必须要建立教师培养机制，不断更新教师的知识、提高教师的能力，以适应高素质人才培养的需要。

对青年教师的培养，既应按照教师自身的特点，又应符合教师成长的普遍规律。根据高等教育发展的状况，青年教师的培养工作应遵循以高校内部培养为主、以岗位培养为主、以重点培养为主的原则，针对青年教师的特点，建立多元化的培养机制，重点做好以下三点：

(一)正规岗前培训

积极构建“三位一体”的青年教师岗前培训模式，一是高校依托相关教师业务培训的单位或地方机构，统一整合对青年教师的资格培训和在职业务进修，把培训与教师资格考核联系起来。二是高校自主开设短期培训班、教学研讨、教学工作坊，组织青年教师系统学习高校办学定位、教学传统、教学规章、教学技术、教学艺术等内容。三是在单位层面，积极落实对青年教师的跟踪帮带，由所在单位指定教学骨干帮带培养，并将帮带情况列入任职考评内容之中，确保帮带质量效果。通过“三位一体”的培养模式确保青年教师既能系统全面学习教育教学基础理论，同时也能结合学科专业特点，在同行或前辈的指导帮带下尽快适应高校教师教学岗位。

(二)完善进修培训

通过教育资源的共享，实现多形式、多途径、有计划、有组织、有针对性的培训，确保青年教师阶段进修常态化。具体地说，可按照 5 年一个阶段或结合初、中、高职任期区分阶段，每阶段内必须完成一次综合性培训，学习新知识、新理论以及新技能。解决目前存在的青年教师进修培训难落实等问题，并将培训经历作为考评的重要指标，确保这一机制有效平稳运行。

(三)突出岗位培训

应按照青年教师岗位特点进行培训。初级专业技术职务教师培训以进行教学科研基本知识、基本技能的教育和实践为主，主要采取教学实践、进修班等形式；中职教师培训以增加、扩充专业基础理论知识为主，注重提高教学水平和科研能力，主要采取骨干教师进修班、短期研讨班、单科培训班、出国培训等形式。

二、交流机制

大学生需要的知识、能力、素质是复合性的，这就要求青年教师要具备扎实的专业知识和操作技能，需要教师也成为能讲课、能实践、能管理的复合型人才，因此，需要采取多方式学习、交流来满足课程教学对青年教师的要求。为保持青年教师队伍的活力与动力，建议构建教师交流机制，通过搭建教师研修共同体，不断提升青年教师队伍的综合素质。

教师共同体主要是指具有共同教学理想、教学追求的一群教师，为共同学习、共同分享而开展的一种联合研究模式，这种模式主要是围绕教学、科研而组成的，针对教学中存在的问题，集思广益，进行集中破解，进而促进教师个体和整体能力素质的提高。教师共同体以“同质共进、异质互补”为原则。建立教师共同体，重点要做好以下几个方面：

(一)确立合作理念,形成文化共识

教师研修共同体的组成核心是“教学文化”,这种文化认同能够引导青年教师形成和谐、信任、支持的氛围与关系,让身在其中的老师愿意通过合作而展开深入学习。通过教师研修共同体的议案,青年教师能够更加勇敢地面对教学和科研中的问题,能够提高投入教学的积极性,愿意积极参与讨论,主动寻求帮助或办法解决自己在教学和科研中的难题。因此,高校要主动营造教学研修的气氛,在组织内部形成相互学习、经验共享的模式,通过开展民主、尊重的对话,发现每个教师的个性与特点,发现群体的共同优势,增强青年教师的自信心,积极发展合作在教师教学发展中的促进作用。

(二)跨界学习交流,实现资源共享

教师发展是一个循序渐进的过程,青年教师从新手教师成长为专业教师需要不断积累学科专业知识和教育教学知识。教师共同体是由一个个不同的个体组成的群体,每位教师都有自己独特的学习经历和教学经验,在不断打磨中形成了自己的知识结构、思维方式和信念体系,在处理教学问题、选择教学方法、创设教学情境等方面也会有鲜明的个人风格,因此,这种教师间的差异性和多样性就是一种宝贵的学习资源。此外,教师共同体作为一个自发、自愿组成的群体组织,具有发展性和引领性,能够为青年教师提供情境平台,促进青年教师与他人互动,结合自己的思想与实践,不断积累属于自己的实践知识。

(三)创设对话平台,推动教师反思

青年教师群体中普遍存在教育理论与教学实践相脱节的现象,完美的教育理念在复杂多变的教育实践面前表现出无所适从,教师共同体强调平等、开放、包容与交互性,可以是教师自由地交流各自的观点,这种对话可以使教师从不同的视角审视问题,多种思想的碰撞可以激发新的灵感。不仅如此,对话中的分歧和反馈可以促使青年教师对自己的想法进行反思,在反思过程中不断拓宽自己的思路,审视自己的不足,修正思维盲点,矫正观点偏见,不断突破既有的教学信念和行为,在持续的自我更新中实现专业发展。

三、激励机制

青年教师是高校最珍贵、最有力的教育资源,如果没有完善的管理方法和制度,就不能发挥其资源优势。因此,应积极探索建立科学有效的青年教师激励机制。

(一)注重人文关怀,营造尊师重教环境

青年教师是一个特殊的群体,大都具有较强烈的创造欲,有自我实现和获得尊重的心理需要。要建设高水平的教师队伍,必须针对上述特点,将管理的重心由人事配位转为对人才的开发、利用、规划培训以及营造尊师重教环境上来。一是在管理中坚持以人为本。实现以人为本,就应使青年教师获得心理上的满足感以及教师岗位的优越性。在物质待遇上,应适当向教学一线的教师倾斜,增强青年教师岗位的吸引力。二是在管理中增强服务意识。由于职业特点,青年教师经常处于思考状态,从事脑力劳动,往往不注意身体情况。为了确保教师的身体健康,可以有意识地组织教师进行锻炼,为教师提供健康体检和心理咨询服务等。三是在管理中解决后顾之忧。由于青年教师职业的特点,决定教师的交际范围小,当教师遇到一些实际问题时,组织上应主动为其排忧解难,解决后顾之忧。

(二)发挥激励作用,形成有序的竞争局面

促进青年教师教学发展,应建立有利于人才公平竞争的局面。一是实行竞争上岗。应明确规定青年教师应当承担的岗位职责,并根据不同的专业技术职务,做出不同的具体规定和要求,实行竞争上岗。二是实行竞争上升。应从政治思想、工作态度和工作业绩等方面制定统一量化的晋升考评标准,并针对不同学科的青年教师适度调整制定不同的专业技术职务评审标准,实行竞争上升。三是实行竞争上学。选送教师外出上学进修,不仅要考虑高校学科专业发展需要,而且要重点考查青年教师的工作业绩,提高青年教师送学培训成效。

(三)运用量化手段,建立科学的考评方法

高校建立监督评审委员会,全面负责青年教师的考核评审工作。运用量化手段,建立青年教师教学发展评价标准,把定量考核和定性考核有机结合起来,科学量化青年教师考评指标体系的各项指标,建立和实行青年教师工作量制度,规定年度或任期的量化指标,合理设置分值,注重实际成绩。建立健全考核监督机制,对考核对象做出客观、正确、全面的评价;同时,利用信息网络系统开展多方位、多渠道的测评,通过对教学活动进行实时监控来考核教师,保证考核结果的客观性、公正性和考核的竞争性,以此激励先进、鞭策后进,提高青年教师队伍质量,促进青年教师队伍建设。

第三节　平台支撑:打造良好的教学能力发展平台

良好的发展平台将是高校教师教学发展的方向、目标和保障。青年教师教学能力的提升和发展离不开各高校提供良好的发展平台,这是其能力提升的关键。有了发展的平台和良好的工作氛围,青年教师才能有一种职业的归属感和幸福感,而这种归属感和幸福感主要源于青年教师发展的需要得到满足。

一、成立教师教学发展中心

建立教师教学发展中心是国内外高水平大学提升教师教学能力的重要举措，也是推进教师专业化发展进程的客观要求。教师的专业化发展要求教师具有较高的教学能力和教学水平，教学技能的成熟程度已成为教师专业化的一项重要内容。教师教学能力的提升是在一定的制度环境中完成的。在制度化的改革中，教师教学发展中心不只是促进教师专业化发展的重要载体，更应成为院校教学的智库、高校变革的推动部门。从国外情况看，美国密歇根大学早在 1962 年就为教师发展建立起第一个教学中心——“学习与教学研究中心”，其使命是创建密歇根大学的教学文化，提升大学教学和学生学习质量，为不同文化背景的教师成功营造良好的学习与教学环境，为提高教师和学生的学习质量开展教学研究并推广研究成果。如今，美国研究型大学中有 3/4 的院校设有教学中心，其中包括中西部十大名校联盟中的 11 所和所有的常春藤名校。在我国，大学建立教师教学发展中心是近些年才开始的。随着本科教育教学改革的进一步深化，提升教师的教学能力成为提升人才培养水平的关键一环。《国家中长期教育改革与发展规划纲要(2010—2020年)》明确提出，提高教师专业化水平和教学能力。《高等高校本科教学质量与教学改革工程》也明确指出，要提升教师教学能力，引导高等高校建立适合本校特色的教学发展中心，积极开展教师培训、教学改革、研究交流、质量评价、咨询服务等各项工作，提高本校中青年教师教学能力，满足教师个性化专业化发展和人才培养特色的需要。[①] 教育部《全面提高高等教育质量的若干意见》也提出，要提高教师业务水平和教学能力，推动高校普遍建立教师教学发展中心，重点支持建设一批国家级教学发展示范中心，有计划地开展教师培训、教学咨询等，提升中青年教师专业水平和教学能力。[②] 2012 年 10 月，教育部批准了厦门大学教师发展中心等 30 个“十二五”国家级教师教学发展示范中心，中央财政资助每个国家级教师教学发展示范中心 500 万元建设经费。香港大学、香港中文大学、香港科技大学、台湾大学等也成立了促进教师发展的专门机构。可见，教师教学发展中心是提高大学教师教学能力的内部支持系统，也是国内外大学提升教师教学能力的通行做法。因此，对于高校来说，为了提升青年教师的教学能力，应学习国内外高校先进的经验，积

① 教育部，财政部．教育部 财政部关于“十二五”期间实施“高等学校本科教学质量与教学改革工程”的意见[EB/OL].[2011 - 07 - 01].http://www.moe.gov.cn/srcsite/A08/s7056/201107/t20110701_125202.html.

② 教育部．教育部关于全面提高高等教育质量的若干意见[EB/OL].[2012 - 04 - 20].https://www.gov.cn/gongbao/content/2012/content_2199085.htm.

极发展教师教学发展中心。

教师教学发展中心的工作职责主要包括：提出教师分阶段教育教学能力提高的发展规划（分阶段、分学科、有针对性）；成立院校教师教学能力提升专家指导委员会（由退休的老专家和在职的优秀教师组成），并在各部（系）成立对应的学科专业分指导委员会，负责具体的指导工作；购买院校多媒体课件制作平台的规划设计及相关设备；购买教师教育教学能力培训软件；对新进教师严格实行任课岗前培训，建立独立任课前的助教机制（有计划地组织青年教师为老教师做助教），建立老教师与青年教师结对子的传帮带；加强中青年教师定期开展教学方法研讨的机制，定期组织和开展针对具体学科的示范性教学和研讨；定期组织提升青年教师教学手段的专题培训（如现代化课件的制作），加强院校多媒体课件的平台建设，使广大教师应用多媒体技术进行教学的能力得到提升；定期聘请资深专家提供教学理念和技能、教学态度和方法、学术道德和师德等方面的培训，进行教学艺术、心理学等方面的专题讲座，提高教师的教学艺术和水平，提升教师课堂教育教学水平，提高教师队伍水平和人才培养质量；定期组织教师进行教学经验交流，帮助教师规划职业生涯，促使教师职业价值得到升华。

教师教学发展中心之所以能推进教师教学能力发展，首先是其建立了以专家团队为依托，以高校和部（系）为基础的整合资源平台，以学习支持、技术支持和管理支持为支撑的培养体系。该体系能推进校本、互动、持续、可检测的教师教学能力发展；其次是其采取了“搭、问、研、引、促”的虚实一体的培养方式。该方式基于创设开放性和互动性的场景，能最大限度地发挥青年教师教学发展的自主性和积极性。“搭”指搭建教师校本培训平台；“问”指开展一线调研，了解教师所需；“研”指基于“实践就是学习、指导就是培训”的“研训一体”理念加强交流研讨；“引”指通过“外引”和“内植”的项目，形成全员育人、全过程育人和全方位育人的良好氛围和工作机制，让教师切切实实地享受到项目带来的“红利”；“促”指强化检查监督，以解决教师在教学过程中遇到的实际问题为内容，以提升教师教学能力为目的，把院校发展和教师专业化发展有机结合起来，使教师培训真正做到服务于院校发展和学生发展。

二、凝练青年教师教学团队

建立教学团队是促进高校青年教师教学发展的又一个重要的途径。通过组建教学团队，让一批优秀骨干力量进行整合，能发挥引领示范作用；同时通过团队协作攻坚，完成一个个项目和目标，让青年教师在团队中得到很好的学习和锤炼，青年教师的教学能力必定会得到较大的发展。高校要想充分发挥教学团队的作用，可以在以下几方面加大培养力度：一是培养学科带头人。学科带头人在建设高水平的学科专业中发挥着重要的作用,在其带动引领下,一批优秀的青年教师就会逐步成长起来。二是建立目标导向,完善激励评价制度。尤其要构建团队合作的体制机制,这是青年教师教学团队建设成功与否的关键。三是提供资源保障。让团队建设有目标、有动力,同时也要有保障。

三、提供充足的发展时间和空间

促进青年教师教学发展,高校应为教师提供充足的时间和空间,这是毋庸置疑的。青年教师的学习、实践、反思都需要时间,高校必须给青年教师以时间保证。苏联教育家苏霍姆林斯基在做校长期间就非常重视这个问题,他主张一定要引导教师们多读书,要给予教师更多的自由支配的时间。他明确提出,“教师没有自由支配的时间,这对于高校是真正的威胁。”为了给教师更多的发展教学能力的时间,院校要尽可能减少教师参加与教学能力发展无关的其他活动。苏霍姆林斯基在担任校长期间曾规定:教师每周参加上课以外的非专业活动不得超过两次。要尽可能给教师留出更多的专业活动时间,比如与同行的交流讨论与合作、自学、参与培训,在交流学习、研讨、磨炼中增长知识和技能,从而发展提升教学能力。空间与时间相对,但与时间又紧密相连。空间从其性质上看,可分为物理空间和虚拟空间。高校要提供给青年教师足够的空间,这样才能让青年教师有更多的机会参与交流、学习、实践锻炼,拓展自己教学能力发展的渠道。就物理空间而言,就是要提供足够的实验实训基地或者场地、办公室、资料室、学习进修机构;就虚拟空间而言,就是充分利用互联网建立交流学习的平台,包括数字图书馆、网络精品课程,也包括“通过制度和政策等而形成的交流空间”等。

四、引导教师向专家型目标迈进

根据调查和走访,我们了解到高校青年教师教学能力在性别、年龄、教龄、职称和学历等方面存在显著差异。一般来说,青年教师有两种类型,即新入职的青年教师、经验型青年教师。高校要促使青年教师教学能力能得到有效提升,为其专业成长提供一个良好的平台,还需要进行分层分类管理,引导其向专家型教师的目标迈进,以缩小各类型教师在教学能力方面的差异。一是新入职的青年教师。这类教师相对来说趋于年轻化,有干劲,有创新思维,但不论是理论教学还是实践教学方面都还缺乏经验,其看问题的深度和广度还停留在比较浅窄的层面,其处理教学中的问题和矛盾有时简单化,没有耐心;能开展行动学习,但缺乏指导。针对此类型的青年教师,一方面要组织经验型、专家型青年教师与之结对子进行帮扶,尤其是深入课堂和训练场进行点对点的指导;另一方面还要多提供培训的机会和平台。二是经验型青年教师。此类教师有一定的教学经历,积累了不少经验,年富力强,是高校教师队伍的主力，但这类青年教师容易得过且过，缺乏冲劲，创新性不足；偶尔能开展行动学习，但缺乏持续性。针对此类教师，一方面可定期开展具有重大激励和挑战性的教学比赛，让其在比赛中大显身手，同时在相互观摩中看到别人的优势和长处，激发斗志，挖掘其创造的潜力，向专家型教师目标迈进；另一方面也要提供外出学习培训的机会，让其眼界更加开阔。

第四节 自我提升：激活教学能力发展的内在动机

在行动学习理论中，特别强调将“学”和“用”有机整合，在解决问题的过程中提升能力，同时提倡理论要紧密结合实际应用，以提升学习的效率和效果。一般来说，行动学习的目的是完成预定工作任务，其核心是解决问题，其关键是行动的过程，以自身经验为基础，在同伴或同事支持下持续不断反思与学习的过程。基于此，加强自身修炼必然成为高校青年教师教学发展最根本的方式和策略。在行动学习理论指导下，青年教师可采用如下策略加强自身修炼。

一、以任务驱动加强自身实践

调查分析显示，高校青年教师组织课堂教学和开展教学实践的能力比较薄弱。行动学习理论认为行动学习的目的是完成预定工作任务。这里的“任务”，即“指定担任的工作或者担负的责任”。[①] 关于“驱动”，《现代汉语词典》有两种解释，一是指施加外力，使动起来；二是驱使，推动。本文的“任务驱动”主要指一种教师教学能力发展的基本策略，具体来说就是教师围绕“任务”或者受到“任务”的策动，积极主动地探索、研究、分析问题和解决问题，从而提升自己教学能力的一种策略。这里的“任务”可能是来自外在的，比如高校、部（系）、教研单位等，也可能是自己内在需要并根据自身实际拟定的。任务驱动策略一般有这样几个特征：一是强调以任务为轴心；二是强调主动实践；三是强调任务具有驱动性和可操作性。奥苏贝尔的有意义学习理论和“动机”理论，与任务驱动策略具有密切的联系，可以作为其理论基础。“任务驱动”策略将教师置于与当前学习主题相关的、接近真实的学习情境中，使教师的学习直观化、形象化。这些生动直观的形象可以有效地激发教师联想，唤起教师原有认知结构中有关的知识经验，从而有利于教师利用原有知识经验去“同化”或“顺应”新的知识和技能。奥苏贝尔还认为，学习者所有的指向学业的

---

① 中国社科院语言研究所词典编辑室．现代汉语词典[M]．5版．北京：商务印书馆，2005．

行为或者说成就动机都可以从认知内驱力、自我提高内驱力和附属内驱力三个方面对学习者的内驱力进行解释。青年教师通过设定任务，并把它当作目标，促使自己主动去一个个完成，从中获得知识和能力，这与奥苏贝尔的动机理论是基本吻合的，同时也符合行动学习理论的基本逻辑。

从操作层面上讲，“任务驱动”策略主要包括“设计任务—分解任务—完成任务—评价任务”等步骤和程序。在设计任务环节要注意两点：一是关于任务的内容及创设要具有真实性、目的性、实践性和层次性。所谓真实性，就是任务内容要根据青年教师自身的实际、环境的实际、学生的实际；所谓目的性，就是创设的任务一定要解决一些实际的问题，对青年教师教学提升有很大帮助，能促进学生能力素质的提升；所谓操作性就是任务本身不是抽象的，能分解，能实施；所谓层次性，就是任务具有主次之分、逻辑先后之分等。以上四个特性同时又是紧密相连、相互支撑的。二是处理好青年教师、任务和培训者（指导者或任务下达者）之间的关系。一般而言，以任务为纽带，教师与任务、培训者（指导者或任务下达者）是一种平等对话的关系，任务不能成为培训者（指导者或任务下达者）强迫教师改进提高的工具和手段，同时青年教师也要保持一种包容、开放、积极的心态面对任务，要化任务压力为动力。这样才能真正在任务执行、磨炼中提升自己的教学能力。就分解任务环节而言，在创设好任务或者上面下达任务以后，教师不要急于去完成任务，而要对学习任务进行详细地分析和分解。所谓详细的分析就是要分析任务的性质、难度，要分析自身实际和所处内外环境条件，分析任务执行的可行性等；所谓分解任务就是要阐明任务所要达到的目标，把任务分解成一个个具体的小任务，拟定完成任务的具体步骤与注意事项，进而有计划、有步骤地、自主地去完成任务。就完成任务环节而言，在这个环节，青年教师的认知水平、思维方式和工作（学习）方法是非常重要的。青年教师的认知水平是前提和基础，在完成任务的过程中，青年教师要有意识地扩展自己的视野，搜集、整理和研读与之相关联的知识、政策、文件，找到有力依据和支撑，实际上要求青年教师要达到一定的认知宽度和深度，为顺利完成任务做充分的储备。青年教师的思维方式是顺利完成任务的关键。青年教师至少要具备这样几种思维：一是战略思维，就是要总揽全局，眼光一定要放得长远，思考问题要具有前瞻性，解决的问题要具有可持续发展的意义。二是系统思维，不管任务有多么的艰难和复杂，青年教师都要系统思考问题，总能从中找到线索和切入点。三是精准思维，完成任务要具有务实的精神，要一步一个脚印，要把问题和任务搞懂、搞透，分解要到位，要把行动的时间和空间进行具体规划，目标达成情况要进行适时总结，提炼亮点及成绩，查找存在的问题及根源，拟定下一步改进举措。青年教师的工作（学习）方法是完成任务的重要抓手，教师在接受任务时候就要做全面分析，寻找最佳的方法和路径，比如遇到棘手或者特别重大的任务时候，可以采用同伴互助、协同攻关的方式来完成，这种方式能弥补青年教师自身固有的知识结构缺陷，从而提升解决问题的效率和能力。

就评价任务环节而言，评价任务在这里主要是指评价和估量任务目标达成情况。它也是一种对青年教师工作学习情况反馈的重要途径和手段。评价的方式比较多，比如可以通过采用教研活动、成果展示会、公开课、实地考察、资料查阅等方式，自评与他评相结合，进行互相评析，然后可邀请相关专家或者骨干进行评析和点拨，在此过程中青年教师可以查漏补缺，形成自己的学习和思维方式，建立新的知识结构。

二、以项目研究提升理论素养

根据调查结果分析，教学研究能力不足和理论素养欠缺，是青年教师存在的比较突出的问题之一。基于行动学习理论的观点认为，行动学习的核心就是解决问题，而要真正解决重大疑难的问题，可通过立项来加以深入研究。这里的项目指以个人或团队名义申报的校级、省部级、国家级等各类纵向的教学研究课题和科学研究课题等。青年教师教学发展离不开科学研究，一个只有深入研究、善于研究并有丰富研究成果的教师，才能在教学岗位上游刃有余，培养出优秀的实用人才。搞科研必然牵涉到各类项目的论证申报、立项开题、项目研究任务的完成、研究成果的转化等，需完成一系列特定的工作。教学研究的过程是一个长期磨炼的过程，一方面需要自己出科研成果，另一方面在整个科研过程的每个环节都面临着一些新的挑战。总体来说，项目导向模式对青年教师教学的基础研究能力、发展能力和实践能力提升有较为显著的作用。项目导向模式要求青年教师在实践操作中需把握好几个步骤：一是研究项目的选择。项目的选择一方面要重点关注现实教学中的重大问题、焦点问题和疑难问题，具有重要的理论和实践意义，同时所选项目难易要适中，要紧密结合高校和自身的实际。二是研究项目的论证和设计。此阶段的主要任务是要求进行文献搜集、阅读和整理，厘清国内外研究现状，明确研究的目标、研究的内容、研究的创新及研究的方法和思路等，进行全面深入地论证，并设计出可行的研究方案，撰写好申报书，向各相关部门提出申请。三是项目的实施。在选定项目并进行充分论证后或者项目批准立项之后，青年教师要结合实际进行项目分解，分解成一个个子项目，并配备好相应的资源（含人力、物力、财力和信息），着手开展研究，逐个击破。四是项目的结题工作。项目完成以后，青年教师应做好全面总结，撰写研究报告，形成最终成果。五是项目成果的运用和推广。开展项目研究的最终目的是运用于实践并指导实践。因此，青年教师要把研究的成果进行转化，让成果得到充分运用和逐步推广，从而体现研究的真正价值。

三、以协商合作促进共同进步

学习理论研究表明，在当前科技飞速发展、媒体普及发达的社会情境下往往以互动方式学习的效果胜于个人学习。行动学习的核心是以小组形式进行的团队学习，通过学习者相互间的支持与质疑激发反思和创新。因此，高校青年教师为提升教学能力需主动与团队协商合作。具体来说协商合作是指青年教师为解决实际问题而主动寻求同伴或者校外同行教师或者企业行业相关业务骨干的合作、帮助和支持，达到共同学习、共同研究、共同实践、共同提高的目的。主动协商合作与同伴互助理论的主张基本一致，只是主动协商合作更加强调教师的主动性和积极性，在教学、研究中要主动出击。关于同伴互助理论，著名学者罗宾斯（Robbins）认为同伴互助是指两个或多个教师一起，共同反思当前的教学实践，改进与建立新的技能，相互教导，共享经验，共同参与教学研究并在工作坊中共同解决实际问题。有学者研究认为，同伴互助主要是同行之间充分利用教学教研活动开展的专业合作、专业讨论或专业学习，在活动中相互学习和支持、共同分享与进步。同伴互助的实质是教师作为专业人员之间的对话、互动与合作。高校青年教师可充分运用同伴互助理论，主动寻求同伴、同行或者与本专业有密切联系的行业骨干的协助，共同探讨，共同进步和发展。

四、以勤于反思形成个性化教学能力

高校青年教师教学发展的过程是一个持续的、动态的专业成长过程。青年教师教学发展水平的高低，其影响因素除了政策制度的支持、培养培训的落实、资源平台的支撑之外，更多的是依赖于教师自身对专业成长的不断追求。行动学习最主要的方式就是反思质疑，通过对过去行动和经验的反思，从而提出具有重大现实意义的问题或者建设性的意见。勤于自我反思则是一个重要的途径和手段，提倡自我反思，是青年教师教学发展所强调的实践品格。从基本概念上讲，自我反思则是反思主体对自身过去思想、行为及经验的反思，包含两层意思：一是反思对象主要是青年教师自己过去的教育教学思想、活动或者经验；二是反思的结果是通过反复思考与琢磨、反省等方式去发现问题，获得新的知识和认识，并改进、纠正偏差与不足。青年教师的自我反思，是指教师对自己的教学理念、教学设计、教学过程、教学方法、教学效果进行反复琢磨、思考和反省，并与青年教师的知识和能力要求进行对照，找出存在的问题和差距，从而拟定下步改进计划。借鉴国内外的有关研究成果和自身的教学经验，研究者提出了诸如通过录制课堂教学进行反思、通过对话进行反思等一系列的反思训练方案。这些方案在国内大量的实验高校应用后，收到了良好的效果，对提高教师的专业能力起到了良好的促进作用。青年教师实施

有效自我反思可以从三个方面入手：一是找准反思的内容。自我反思的内容通常涉及多个方面，主要包括自身的教育教学理念与设计、教学内容的组织与选择、教学过程与方法、教学效果与评价等，总之要根据实际情况，找准反思点。二是把握反思的时间节点。一般来说，自我反思的时限包括课后思、一日思、周后思、单元思、月后思、期中思或期末思等，青年教师要养成反思的习惯，把握好这些时间节点，真正地做到自我反思。三是探索反思的方式。反思的方式很多，包括教育叙事、反思日记、反思随笔、理论学习、相互观摩、对话研讨等，青年教师可根据实际情况，灵活采用相应的方式，力求实效，不走形式和过场。在自我反思过程中，要把过程中的反思与对过程的反思结合起来，要把技术性反思与批判性反思结合起来，要把研究关键事件与平时的教育常规的反思结合起来。通过经常而系统地反思，让更多青年教师掌握具有个人特点的教学知识和艺术，形成独具魅力的个性化教学能力。

第六章　高校青年教师教学评价

本章摘要

教学评价是衡量高校教师教学质量的重要手段，是高校教学活动的重要组成部分。青年教师是高校教学工作的重要承担者，其教学质量的高低对高校教育水平的优劣有重要的影响。因此，必须通过教学评价来科学、公正地反映青年教师的教学状况。教学评价一方面可以让青年教师更加清醒地认识自身教学能力的不足，另一方面便于高校各单位对青年教师进行科学的引导和管理，进而促进青年教师教学发展，提升教学能力。本章详细梳理了教学评价与青年教师教学发展的关系，总结了教学评价的原则与内容，分析了教学评价存在的问题，并在此基础上提出了构建青年教师教学评价体系的一系列措施，对提高高校教学质量有十分重要的意义。

第一节　教学评价与教师发展的关系

教师是课堂教学的主导者，是教学评价的重要对象，教学评价具有促进学生发展和教师专业成长的双重功能①。因此，教学评价对教师发展有着最直接的促进作用，它是促进教师转变教学理念、优化教学内容、创新教学方法的最有效方式。把教学评价与教师教学发展有效结合，能够为青年教师的自主发展提供有效的指导和有力的支撑。

一、教学评价能促使教师转变教育观念

教学评价是以现代教育教学理念为指导，以现代教学观为主要依据，采用科学的测量方法和手段，按照一定的价值标准，对教学的要素和教学状态进行价值判断的过程。由于在客观教学实际中，不同的教师持有不同的教学观念，他们会根据自己的理念、教学环境、教学对象采用不同的教学行为，进而产生不同的教学结果，这

① 周广强．教师专业能力培养与训练[M]．北京：首都师范大学出版社，2007.

些教学活动实际上是教师教育教学理念的具体体现和现实表征，而教学评价就是要对现实的教学活动及其内在的价值做出判断。

青年教师的教学发展主要包括思想发展、专业发展、能力发展、技能发展、心理发展、道德发展等方面，它是青年教师自身素养和专业水平不断提高、不断发展、不断进步的过程。教学评价恰好能够记录和反映青年教师教学发展活动中从理念到行为的具体转变，能够通过教学信息对教师的教学行为做出精准的判断，并提供可行性的改进建议。因此，要实现教师教学的有效性，就要转变教师固有的教育认知，形成发展性理念，坚持用发展的眼光、发展的态度、发展的思想指导教学实践，切实通过教学理念的变化促进教学实践改进，理解教育变革，从而形成对大学教育更高层次的认识，从内在生发出自我发展、协同发展的自主性和自觉性，努力提高高校教学质量。

二、课堂教学评价能够激发教师自我反思，转变教学行为

青年教师的教学发展主要源自教师自己对课堂教学行为、教学经历的积极反思，而教学评价在青年教师教学反思的过程中起到了很好的促进作用，它能够为青年教师提供最直接、最准确的信息，使教师反思更加科学、有效。

一方面，教师的教学发展实际上是对教师的教学实践进行深入的研究，通过分析教学问题、教学现象引导教师对课堂教学行为、教学过程进行总结、反思，理性分析自己的教学理念、教学行为以及学生的课堂表现。青年教师通过这种自我反思、自我成长，提升了自己对课堂教学的整体认识，进而促进教师教学发展，最终形成兼具个性与特性的教学风格。因此，教师教学评价本质上是教学成长的主要动力。

另一方面，教学评价将青年教师的个体发展与课堂教学反思紧密结合，全面收集青年教师不同发展阶段的教学信息，建立了教师成长档案，使青年教师能够随时了解自己的教学状态，能够根据时代的特点和学生规律调整教学观念，改进教学思路，为青年教师的发展提供了良好的向导。

教师发展是目的，教学评价是动力。在教学过程中，要将教学评价关注的重点和难点转变为教师自身教学发展的需求，使教学改进的过程成为教师教学发展过程，让青年教师积极参与教学评价，对自己的教学发展充满信心，做高校教学质量提升的推动者、主动力。

第二节　青年教师教学评价原则和内容

一、青年教师教学评价的原则

科学合理的教学评价原则，对于青年教师教学水平的评价是极其重要的，它不

仅能够帮助青年教师对教学现状有清楚、准确的认知，而且能够对青年教师的教学工作进行指导和激励，使教师树立正确的教学质量观，不断增强质量意识，主动提升课堂的教学质量和学生培养质量。

(一)诊断与改进原则

教学评价历来重在关注过程而非结果，关注在教学过程中对教学问题的及时改进，对教学状态的有效提升。然而，从目前教学评价的发展趋势来看，教学评价的诊断功能没能在具体实践中充分发挥出来。基于这种情况，笔者认为，教学评价应回归教学价值的本质需求，将关注点聚焦于教学全过程，进一步加强对教学的形成性评价和诊断性评价，使教学评价能够真正为提高教学质量服务。其中，诊断性评价主要是指对教学现象的甄别，重在发现教学问题，发掘教师的教学特点，推进教师教学内容、教学方法、教学手段三者的有机结合，促进塑造教师的个性化教学。可见，诊断性评价重在评价过程，评价真实的教学问题。此外，改进原则是在诊断性评价的基础上提出的，是指青年教师对评价专家提出的针对性改进措施，在教学过程中有计划、有目的地进行教学改善。这种原则以教师的个人风格为出发点，使教学评价真正与教师个体发展相融合。因此，诊断和改进原则在教学评价中属于第一原则，其目的就是让青年教师明确自身的优势与不足，并在此基础上唤醒青年教师对教学质量提升的期待与热情，为教学的后续发展和教师的长久进步奠定坚实基础。

(二)发展与激励原则

发展性原则是近年来教学评价发展过程中全新的理念，它的关注点在于教师与教学的未来，它不仅关注教师教学的现实状况，还关注教师教学的长远发展与未来走向，重在使教师教学过程实现增值。在这种发展性理念指导下，这种教师与教学发展的未来去向是一种有预见性的、以预防为主的发展趋向，是对当前教学评价“关注现在，不关注未来”现象的扶正。另外，教学评价还应遵循教学激励原则。教学激励不同于教育管理中的奖惩机制，它是以发展为目的，以教学全过程为评价对象，为促进教师长久进步的激励导向，它更倾向于促进教师的个性表达与差异化发展。

(三)差异评价与服务原则

近年来，尊重个性、尊重差异、提倡多元已经成为社会发展的主流观念，这种理念也深刻影响了教学评价领域。教学评价开展更加强调差异化和主动服务原则，差异性评价强调个体的本性，而服务原则更强调外部支持，两者主张根据教师的不同需求、不同天赋设置青年教师教学成长计划，实行差异化评价。教师是多元化的群体，他们因遗传、环境等因素影响，成长为教学水平和能力各不相同的个体。根据差异与服务原则，在教学评价过程中要主动遵循教育规律和个人差异性，打破传统的“一刀切”评价方式，关注教师个体的个性与教学风格，从教师实际出发，引导教师发展自己的教学特色，激发教师的内在潜能和发展动力，促进教师获得个体的充分发展。差异原则的最终目的是为教师教学发展提供支持和服务，在教学评价与教学发展之间架起促进教师持续发展的桥梁，为不同类型的青年教师提供教学定位和教学支持。

（四）以评价促管理原则

以评价促管理原则，就是指要通过评价，改革高校教育教学管理体制，优化院校治理结构，建立健全教学管理制度，提高管理效率。

具体来讲，主要包括以下一些工作。

第一，改革高校管理体制，增强管理人员的主人翁意识。例如，通过建立健全高校二级管理体制，增强高校在教学管理工作中的主体意识，提高高校自主管理、自我发展的主动性。通过建立岗位职责与绩效考核制度，提高管理人员的工作积极性，不断改进管理方法，提高管理效率。

第二，规范管理机构设置，提高管理效率。通过评价工作，进一步理清各项管理工作的相关性，对实施具体管理工作的相关部门，该调整的要调整，该撤并的要撤并，该独立设置的要独立设置，该充实的要不断充实，以此来增加管理工作的协调性和规范性，提高管理效率。

第三，建立健全管理规章制度，规范高校教学管理工作。评价工作的一个重要内容就是要考察高校教学管理制度的健全程度，所以，要以评价为契机，建立健全各项教学管理制度，确保高校教学工作的规范有序进行。教学管理制度应该涉及教学工作的各个环节，形成一个完整的制度体系。其中，主要包括学籍管理规定、教学计划管理规定、课堂教学规范、学生考勤制度等相关制度。

第四，建立教学质量监控机制，不断巩固和提高教学质量。高校教学评价工作本质上就是质量评价，要在全校范围内树立质量第一的工作意识，形成有效的质量控制机制。例如，建立健全学生课堂教学评价制度、同行专家评课制度、教学督导制度等。

二、青年教师教学评价的内容

从高校青年教师教学发展的要素与参与的主要工作来看，青年教师教学评价主要考察课程建设能力和教学改革、创新能力。课程建设能力主要考察课程设计和课程优化的能力，教学改革与创新能力主要考察教学认识能力、教学设计能力、教学组织能力、教学实践能力、教学研究能力。其中教学认识能力是基本能力，教学设计能力是核心能力，教学实施能力是关键能力，教学实践能力是青年教师最重要的、最突出的能力（见表 6－1）。

表 6-1 青年教师教学发展评价内容

一级指标	二级指标	三级指标
课程建设能力	课程规划能力	课程理解能力
		课程设计能力
	课程优化能力	课程开发能力
		课程管理能力
		课程评价能力
教学改革与创新能力	教学认识能力	观察力
		记忆力
		想象力
		逻辑力
		判断力
	教学设计能力	课程标准制定能力
		教学任务分析能力
		学情分析能力
		教学目标编制能力
		教学内容组织能力
		教学过程策划能力
		教学方式方法选择能力
		教学媒体选择与课件制作能力
		板书设计能力
		作业设计能力
	教学实施能力	课堂组织与协调能力
		教学表达能力
		教学交往能力
		调动学习积极性能力
		教学监控能力
		教学评价能力
		教学实施效果

（续表）

一级指标	二级指标	三级指标
教学改革与创新能力	教学实践能力	实践经验和素质
		实践施教能力
		服务社会能力
	教学研究能力	教学反思能力
		问题发现能力
		课题设计能力
		课题实施能力
		研究结题能力
		研究成果的转化能力

(一)课程建设能力:青年教师必备的教学能力

课程建设能力是青年教师必备的教学能力,它是指对课程体系进行规划、设计以及优化的能力。主要包括:

1. 课程理解力

课程理解力是指青年教师对课程本身的认知,包括准确领会课程的主旨、深入把握课程内容的现状和发展、理解课程的理念与内涵,是青年教师对课程深度与广度的基本认识。

2. 课程设计能力

课程设计能力是指依据课程目标选择课程内容和组织课程的能力。

3. 课程资源开发能力

课程资源是指为实现课程教学目标所需要的各种要素或资源,既包括人、财、物等有形资源,又包括知识、经验、情感、态度、价值观等无形资源。课程资源开发能力主要考察青年教师对各类课程资源的搜集、整理、分析、制作的能力。

4. 课程管理能力

课程管理能力主要考查青年教师为实现教学目标,协调各课程要素之间关系,以及利用和管理课程资源等方面的能力。

5. 课程评价能力

课程评价能力主要是对青年教师课程设计以及课程开发结果的评价,对课程方案实施过程的评价及评价结果的反馈、分析与研究等。

(二)教学改革与创新能力:青年教师核心教学能力

教学改革与创新的能力是高校青年教师教学发展的核心能力,它主要包括:

1. 教学认识能力

教学认识能力是指高校青年教师对教学现象、教学问题、教学状态的感知、观察、分析、判断能力，主要考察青年教师是否具有敏锐的观察力、良好的记忆力、丰富的想象力、清晰的逻辑力、准确的判断力。

第一，观察力。观察能力形成于青年教师的兴趣、知识、经验等方面的深度和广度，它是指教师在教学过程中能够迅速地发现教学要素之间的内在联系，善于抓住被忽略的教学信息的能力，观察力的高低是判断教师思维是否敏捷的重要因素。

第二，记忆力。对青年教师记忆力的考察主要表现为能否准确记住教学班的基本信息以及与专业相关的知识信息，并能够恰当运用于课堂实践。

第三，想象力。对青年教师想象力的考察主要体现在关注教师是否能在教学过程中旁征博引，是否能在师生交流中产生新思路，创造新成果。

第四，逻辑力。一名优秀的教师，其逻辑思维应当是很清晰的，体现在教学评价中就是考察青年教师教学设计、知识讲授、指导实践是否条理清楚、设计合理。

第五，判断力。教师的判断力表现在：对知识和资料进行梳理，形成整体价值判断；对教学现象进行分析，并做出准确判断。对教学本身进行理解，把握专业前沿，做出基本预测。

2. 教学设计能力

教学设计能力是青年教师必备的一项专业技能，主要包括：

第一，制定课程标准。课程标准是规定课程教学性质、目标、内容、实施的指导性文件，教师制定课程标准实际上是对整个课程的总体设计和规划。

第二，分析教学任务。教师要对所承担的教学任务的数量、性质、难易度、价值意蕴进行详细的分析和梳理。

第三，学情分析。教师对所教授学生的学习状况、思想状况、行为状况进行把握，要了解学生的真实需求，及时发现教学问题，尽力做到因材施教。

第四，组织教学内容。教学内容组织是教师教学发展中最重要的能力之一，在很大程度上决定了整个课程教学的成败。青年教师组织教学内容一般要遵循针对性、前瞻性、系统性、适度性原则。

第五，设计教学过程。教师设计教学过程主要是设计课堂教学的基本流程，如导课、讲授、提问、小结等环节的具体实施，还包括教学实践的预设、教学模式的设定、教学活动的安排等。

第六，选用教学方法。判断课堂教学是否有效，在一定程度上要看教师选择的教学方法是否合适。教师教学方法的选择要与教学内容相匹配、与学生特点相适应，还要科学进行时间的分配和管理。

第七，教学媒体选择与制作。主要考查理论青年教师选择多媒体、制作 PPT

等现代信息技术的能力。

第八，教学板书的设计。主要考察青年教师教学板书设计是否精炼、美观，与教学内容联系是否密切等。

第九，作业设计。作业设计是教学设计能力中的最后一环，也是非常重要的一环。青年教师设计作业，要充分结合学生的实际和教学资源条件的实际，考虑作业的难度和深度。

3. 教学实施能力

教学实施能力是指在教学实施过程中，开展教学活动所需要的具体的能力表现，它是衡量教师教学管理能力的重要尺度，主要包括：

第一，课堂组织与协调能力。主要考察青年教师能否有效地组织和协调各种教学资源为课堂教学服务，能否有效地处理师生关系和生生关系等。

第二，教学表达能力。青年教师的教学表达能力主要表现在两个方面，一是书面表达能力。包括教师撰写教案、书写板书、计划总结、教学分析报告、教学研究论文等的能力；二是口头表达能力。包括教师授课时是否声音洪亮、语言流畅、普通话标准、风趣幽默、旁征博引等。书面表达和口头表达都与教师的思维密不可分，需要教师在长期的学习和磨炼中逐步提升，它能够反映出教师思维的敏捷度、逻辑性和创新性。

第三，教学交往合作的能力。教学交往一般分为个性交往、角色交往和群体交往。个性交往是指基于师生个体的兴趣、爱好、需要而进行的互动活动与交流；角色交往是指教师作为知识传授者和能力塑造者，有计划、有目的地组织学生开展互动活动；群体交往是指教师群体与学生群体之间所开展的各种互动活动。考察青年教师的教学交往能力，主要是看教师能否主动与学生沟通教学情况，能否协调好师生之间、生生之间的矛盾、冲突；能否与学生和谐相处等。考察青年教师的教学合作能力，主要是看教师是否具有合作的意识和热情，是否具有协调合作的能力。

第四，调动学习积极性的能力。主要是考察青年教师在课外或课余时间，是否结合学生特点与实际灵活运用各种方法和策略激励学生、提升学生学习的主动性、积极性。

第五，教学监控能力。主要考察青年教师是否具有科学管理课堂教学的意识与能力，能否按照预设的教学方案完成教学目标，能否针对教学偶然事件拓展教学思路，能否根据教学实际调整教学策略。

第六，教学评价能力。青年教师教学评价能力主要是考察教师对课堂学生表现的评价、学生学习成绩的评价、对同行教学过程和教学效果的评价，以及对自我教学过程和效果的评价等方面。

4. 教学实践能力

教学实践能力是教师之间相互区别的一项突出的个人能力，主要是指青年教师在教学实践活动中形成的、能够直接影响教学效果的即时性行动。

5. 教学研究能力

教学研究能力是指在教学实践中，青年教师发现问题，运用相关理论和方法深层次剖析问题，解决问题，提出创新性观点的能力。

第一，教学反思能力。主要考察青年教师对自己从事过的教学活动进行思考、剖析、归纳、总结，并及时改进的能力。

第二，问题发现能力。主要考察青年教师选择与自身教育教学密切相关的基础问题或现实问题。

第三，研究设计能力。主要考察青年教师研究设计是否合理，包括研究目的要明确，内容要具体，方法要可行，时间安排要合理，以及研究内容与方法的创新性等方面。

第四，研究实施能力。主要考察青年教师在教学研究实施过程中方案的可行性，人员、物资的管理与落实情况，以及研究项目推进成效，是否及时改进不良趋向，能否按时完成预期计划。

第五，研究结题能力。主要考察青年教师的科研学术成果，包括论文发表、研究报告的撰写、专著的出版、结题材料的整理等工作。

第六，研究成果转化能力。主要考察青年教师的研究成果的应用及其效果，如研究成果转化成研究报告被相关部门采用，研究成果直接服务于社会活动，研究成果直接指导学生改进学习方式等。

第三节　青年教师教学评价存在问题

随着我国高等教育教学改革的不断深入，越来越多的人开展重视青年教师教学评价，但是，在具体的教学评价实施过程中，仍存在理念与实践方面的不足。

一、评价理念落实力度不够

青年教师教学评价的主要目的是通过科学、合理的评价方法，引导青年教师对教学工作进行反思，发现教学问题、总结教学规律，进而促使青年教师改进教育教学，不断提升自己的教学水平和教学质量，使学生获得优质的教育教学。但是，在实际的教学评价过程中，先进的评价理念没有在具体工作中发挥应有的指导作用。

（一）产出导向难以突显

教师教学评价将本科教学基本状态数据作为重要的评价依据，数据采集主要围绕目标定位、教师队伍、资源建设、学生培养、学生发展、质量保障等方面，数据量大，采集范围广，但这种采集方式对教学输入、教学过程、教学输出三个环节的联系挖掘得不够深入，没有充分发挥数据挖掘和数据分析在教学评价中的重要作用，缺乏对教师发展关键因素的把握，教学评价产出导向功能作用不明显。

（二）教学评价反馈力度不够

教学评价只是高校促进教育教学的手段，通过教学评价推动高校整改，加强高校建设，提升高校教学质量，提高人才培养质量才是最终目的和根本落脚点。整改是高校通过评价结果，找出自身的不足，进而通过加强教学建设，促进高校不断提高人才培养质量和办学水平。因此，整改是教学评价的重要组成部分，是评价信息得以反馈、评价结果得以落实的关键环节。但是，就目前情况来看，高校教职员工对教学评价反馈和整改工作的重要性认识不足，相关的反馈机制和制度不标准、不健全，使得教学评价在青年教师身上发挥的效果大打折扣。

（三）评价指导思想形成性不够

教学评价是高校查找青年教师教学不足，促进青年教师教学相长的重要方式。但是，从目前情况来看，教学评价指导思想的形成性还稍显不足。一方面，许多高校的教学管理部门对青年教师的管理过于严苛，他们担心经验不足的青年教师不能在教学工作中发挥应有的作用，于是将教学评价的结果作为青年教师年终考核、晋职晋升的重要依据，这种指导思想对教学管理工作的促进作用十分明显，却在一定程度上打击了青年教师的教学热情。另一方面，高校教学评价重结果轻过程的现象仍较为普遍，许多高校将学生评价作为教师评价的重要内容，忽视了对青年教师教学过程和教学行为的关注，重视终结性评价，轻视发展性评价，这种评价方式既没有很好地发掘教师教学行为和学生学习效果之间的紧密联系，也没能全面收集、分析信息资料，对教学质量提升的作用甚微。

二、评价范围拓展广度不够

习近平总书记在全国教育大会上指出，要深化教育体制改革，健全立德树人落实机制，扭转不科学的教育评价导向，从根本上解决教育评价指挥棒问题。这为未来的青年教师教学评价指明了改革方向。随着新时代我国高等教育改革发展，青年教师教学评价的范围与内涵需要进一步拓展。

首先，立德树人的成效需进一步深化。习近平总书记发表的一系列关于教育的重要讲话，深刻回答了培养什么人、为谁培养人、怎样培养人的根本问题，旗帜鲜明地指出了高校的根本任务就是培养人；习总书记在北京大学师生座谈会上的讲话中强调，“要把立德树人的成效作为检验学校一切工作的根本标准”。由此可见，评价高校的根本标准就是立德树人的成效，这就要求在设计青年教师教学评价时，要对以立德树人为核心的评价内容进行进一步深化。

其次，对新时代教育教学的新要求需进一步提升。2018 年 6 月教育部召开了本科教育工作会议，提出了坚持“以本为本”，推进“四个回归”，加快建设高水平本科教育、全面提高人才培养能力。2018 年 9 月，习近平总书记在全国教育大会上，从党和国家事业发展的战略高度，对加快推进教育现代化、建设教育强国作出了总体部署和战略设计，提出教育事业的根本任务是培养德智体美劳全面发展的社会主义建设者和接班人，要在党的坚强领导下，坚持走中国特色社会主义教育发展道路。青年教师教学评价是对高校教育教学和人才培养工作的一次全面检验，需要及时体现新时代党和国家对本科教育教学工作的新要求。

最后，对高校分类评价需进一步强化。青年教师教学评价更加强调高校根据自己的办学定位和人才培养目标来确定评价方案，坚持做到一校一策、分类指导。但在实际操作过程中，青年教师教学评价对国内高校都采用相同的评价标准，没有根据不同类型、不同层次高校的特点，来设计教学评价的内容，“双一流”高校的综合性特点、应用型高校的实用性特征等在评价内容中都没有得到很好地体现，在一定程度上影响了青年教师教学评价分类推进的效果。

三、评价组织实施深度不够

青年教师教学评价的理念新颖、先进，组织实施有一定特色，但也存在一些不足。

(一)评价专家工作量大，评价效率有待提升

在每次教学评价活动中，专家的工作任务都十分繁重，他们承担着大量的“规定作业”和“规定动作”，需要在相对集中的时间里，完成大量的考核工作，数据信息庞杂，教学材料丰厚，评价工作的效率仍需进一步提升。

(二)青年教师教学评价刚性不足，对高校约束不强

青年教师教学评价评“软”不评“硬”，对高校办学条件等硬指标强调不够，高校也难以通过青年教师教学评价争取上级主管部门对高校进一步改善办学条件的支持。此外，评价结论也是写实性的评价，不分等级。因此，对高校的约束力不纯不强。在青年教师教学评价中，部分高校存在“被动应付”的现象，在一定程度上影响了青年教师教学评价的效果。

(三)青年教师教学评价社会力量参与较少，信息公开度低

让社会力量参与青年教师教学评价，是加强高校与行业、产业的联系，让高校了解和满足社会对人才培养的需求、保障人才培养质量的重要途径，也是让社会了

解和参与高校人才培养过程的一种重要形式。但在现行青年教师教学评价中，社会力量的参与普遍不足，行业、产业专家参加青年教师教学评价的人数较少。此外，青年教师教学评价意见的信息公开度低，社会利益相关者了解高校人才培养过程与本科教育教学质量的渠道不畅通。

第四节　青年教师教学评价体系构建

青年教师教学评价是高校教学管理工作的重要内容，与高校教育教学目标达成度息息相关。教学评价是提高高校教育质量、提升教学成效、促进高校青年教师发展的重要手段。在新时代教育教学理念指引下，教学评价应积极发挥引领和示范作用，引导青年教师回归教学初心，不断提高教学实践的能力和教学研究的积极性。

一、青年教师教学评价体系构建的特征

（一）评价目标强调发展性

发展性教师评价是从教师职业化、专业化发展层面出发，遵循教师群体及个体的发展规律，使教师在职业实践中实现自我发展价值，获取更多的发展利益。[①] 发展性教师评价是一种动态的评价方式，它不仅关注教师课堂教学现状，还对教师的教学准备、教学总结、教学反思进行全面评价，它更加符合新时代高等教育发展特点，也更能体现教师教学能力的提升和教师教学的发展。因此，在构建高校青年教师教学评价体系过程中，评价目标要强调发展性，通过对青年教师教学活动的诊断、分析、评价，监测和评定青年教师教学的全过程，帮助青年教师解决教学问题，为青年教师提供有针对性的改进建议，在充分尊重青年教师权利的基础上，促进青年教师教学水平提高、教学能力发展以及教学专业成长。

（二）评价主体必须多元化

在现代高校里，教师、专家、管理者、同行、学生，都有可能成为青年教师教学评价的主体，多元主体参与教学评价，是教学评价工作的一项重大突破，它不仅实现了评价指标与评价主体的相互对应，还更好地将自评与他评结合起来，使教学评价的结果更加公正、客观。青年教师教学评价主体多元化，体现了“以人为本”的价值

---

① 周垚．基于发展性教师评价视域下高职院校教师发展中心建设的探索和思考[J]．湖北开放职业学院学报，2021，34(22)：24－25．

理念，评价的目的不再是给青年教师的教学状态做鉴定、做评判，而是通过评价给予青年教师更多的重视，发现他们的教学问题，鼓励青年教师自我分析、自我反思，找到解决教学问题的有效策略，这种评价方式能够大大提高教师改进教育教学的热情，进而促进教师发展，提高教学质量。

（三）评价内容突出教学研究

高校青年教师的教学工作，不仅包括教师的教学活动，还包括教师开展教学研究，青年教师教学工作既是专业知识传授的过程，又包含青年教师对教学过程的反思，因此，青年教师教学评价要积极探索教学与科研相融合的评价内容。通过教学评价，一方面促进教师教学水平和教学能力的完善与提高；另一方面，促进教师开展教学反思，总结教学经验，升华自己的教学思想，使青年教师逐渐成熟起来，逐步成为有能力、有思想、有深度的新型教师。

（四）评价方式注重质、量结合

在传统的教师教学评价中，高校多采用定量的评价方式，这种评价方法在教学评价发展初期对于发现教育规律、把握教学动态发挥了积极的作用。但是，随着高等教育的深入发展，高校教育的复杂性日益凸显，不同种类、不同层次的高校在教育教学工作中存在着很大差异，用一把尺子去衡量所有青年教师，忽视了青年教师教学活动中的不定因素，不能真实地反映教师教学工作全貌。因此，在新时期青年教师教学评价体系构建过程中，要把定量和定性有机结合起来，取长补短，既运用数据方法来处理和分析评价信息，又能因地制宜，发现事物的个性差异，真正做到评价结果可靠、有效。

二、青年教师教学评价的方法

（一）青年教师评价与学生评价相结合

这里的教师评价包括青年教师自我评价和同行评价。青年教师自我评价是青年教师依据评价标准，对照自己的教学行为和能力进行一种自我评价和判断。青年教师自我评价实际上就是一种自我总结、自我反思，是一种对自我教学能力强弱的价值判断。青年教师自我评价在整个教学能力发展评价中占有非常重要的位置。如果从欣赏性评价角度来看，该评价方式具有重要的参考价值。但是自我评价也有自身的局限性，有的青年教师为了赢得好评，有故意拔高、弄虚作假的现象，缺乏真实性和可靠性。同行评价是指同行青年教师或同行专家评价，主要是部（系）同行评价。系（部）组织单位内同行通过相关方式对青年教师教学能力进行评价，这种评价的优势是评价主体比较熟悉和了解青年教师教学能力和水平，知根知底，若公正评判是比较容易做出评价的。但事实上，也存在一些弊端，如评价主体与客体之间可能会因为人际关系的矛盾冲突或者密切程度，或者直接的利益冲突，导致评价结果失真。院校专家组评价主要是高校教学管理部门组织相关领域的专家对青年教师教学能力进行的评价，此种方式的优点是相对客观公正，但不足是专家由于学科背景或其他原因，对青年教师的了解程度不是很高，对一些潜在的问题或者一些比较隐晦的东西难以把握。应该说系(部)同行评价和专家组评价在很大程度上能弥补自我检测的一些局限性。学生评价是指青年教师所任课程教学班的学生对青年教师教学能力的评价，此类评价方式的优点是学生相对比较了解和熟悉青年教师的教学方式方法，能抓住一些客观真实的东西，但学生由于自身的局限或者因为与青年教师的亲疏关系，对青年教师教学能力的评价可能会不公正或者不全面。总体来说，无论是诊断性评价还是欣赏性评价，每种评价方式均有利弊，只有把自我评价、同行评价及学生评价充分结合起来，才能比较真实全面地反映青年教师的教学能力和水平。

(二)资料查阅与现场考查相结合

资料查阅主要查阅青年教师的教学日志、教案、课件、教改科研成果或其他相关记录等。以教案为例，青年教师的教案在很大程度上能反映出青年教师备课是否充分，是否认真研究了教材、学生和课程标准，同时也反映出该青年教师的视野是否宽阔，专业知识掌握是否全面深入，还能反映青年教师的教学设计能力和水平。在查看教案的过程中，一是从形式上看其教案的要素和环节是否周全；二是从内容上查看主题、对象是否明确，学情和教材分析是否到位，教学目标、重点和难点是否明确，教学方法是否多样，教学过程流程是否清晰，教学内容设计是否合理，是否布置了相应的作业练习，必要的板书设计是否简洁明了。无论教案还是课件、教改科研成果或者其他记录，通过资料查阅的方式能在一定能够程度上比较客观地评价青年教师的能力水平。但资料也存在一些缺陷，比如教学日志可能会有弄虚作假、教案没有及时更新等，不能全面反映青年教师教学能力的真实情况，为此还需借助于现场考查才能比较客观、全面、真实地对其教学能力进行评判。现场考查主要包括课堂听课观察、实践操作观摩、学生汇报表演等。资料查阅与现场考查的方式是对青年教师教学能力检测的最重要的手段和方式。

(三)访谈询问与问卷调查相结合

有些比较隐性的东西，比如教学理念、教学思想或者已经发生了的事情，无法用现场观察或者资料查阅等方式检测青年教师教学能力时，则可以采取访谈询问的方式。访谈询问能了解青年教师教学思想理念、参与教学改革、课程建设的一些行为动向，但存在访谈询问花费时间较多，有时被询问者会隐瞒一些真实的情况等弊端。为此，还可借助问卷调查的方式进行调查分析。采用问卷调查的方式需要注意几个方面：一是问卷内容的精心设计，问题要具有针对性，问题不要太泛太多；二是要精心选择调查对象，也就是要注意调查样本的选择，这样才能比较真实地反映现实情况;三是要深入分析调查结果,查找真正的问题,剖析深层次的原因,并找到解决问题的对策,这样的问卷调查才真正有效。访谈询问和问卷调查相结合的方式是检测青年教师教学能力的一种比较常见的方式,此方式运用得好,可大大提高评价效果的真实性、可靠性和科学性。

(四)定量分析与定性分析相结合

定量分析和定性分析不仅是科学研究最普遍的研究方法,同时也是检测青年教师教学能力发展的一种比较实用的手段。定量分析一般具有可观察、可测量,用数据和事实说话,比较客观,而定性分析一般具有归纳概括性、主观臆测性等特征。衡量青年教师教学能力和水平,不仅要采用基于事实和数据的定量分析,也要采用归纳概括及带有一定主观倾向的价值判断。如青年教师团结合作能力中的合作意识和理念、教学反思能力方面的反思意识等,则一般采用定性的分析方式,而牵涉到青年教师教改、科研能力等方面则可以采用量化的方式进行定量分析检测。定量分析和定性分析的方式方法各自均有自身的不足和缺陷,若两者有机结合则能达到比较理想的评价效果。

二、青年教师教学评价运行机制

建立健全教学评价运行机制,是保证高校青年教师教学评价顺利实施的基础条件,是调动高校师生开展教学评价积极性的有效手段,也是对评价领导者、组织者和参与者问责处罚的重要依据。

(一)建立常设性评价机构

高校教学管理实践活动是否符合院校的建设目标、是否符合本校发展实际,需要有一个教学评价的常设机构来进行认定,并为下一步教学工作的改革与创新提供有利依据。评价机构具有以下特点:第一,独立性。评价机构的独立性是保证评价工作客观性和公正性的制度前提,以便独立行使对教学评价工作进行规划和组织实施的职能。第二,公正性。评价机构根据需要对院校各项教学工作进行评价,并为领导层和机关提供所需的决策信息,因此,公正性和客观性是其存在所必需的。第三,权威性。评价是一项复杂的专业性工作,涉及面广,包含内容多,这就要求评价队伍的水平要高。为此,建立教学评价长效机制,高校必须设置直属院校领导的校级教学评价常设机构,主要负责评价指标体系及标准的制定、评价程序与规则的制定,实施具体评价工作。

(二)组建稳定的评价专家队伍

一是优化人员组成。要充分发挥管理机关领导、高校专家教授、社会力量的优势,建设一支了解熟悉教学评价组织实施、掌握高校自身办学实际,能够有效履行决策咨询职能的自评专家队伍。二是加强培训提高。定期开展多种形式的专家队伍培训，如邀请教学评价专家来院讲座、开展教学评价研讨交流会、组织到国内外高校考察学习等方式，加强对教学评价政策法规、政策水平和评价能力，确保自评专家队伍具有较高理论和业务水平，能够有效履行评价检查、决策咨询等职责。三是明确权利义务。对自评专家队伍予以充分信任，赋予一定的权利，使他们能够有效地监督、检查、评价高校的各项教学活动，科学分析教学过程中影响质量的各类因素，及时有效地诊断、反馈问题，大胆发表意见。同时，对高校教学薄弱环节的整改、对潜在发展优势和办学特色的创新布局等，要求专家必须拿出具体的措施办法，杜绝泛泛而谈。

（三）建立健全教学评价运行机制

一是建立常委挂钩制度。高校青年教师教学评价是对高校教学状态、人才培养质量和发展过程趋势进行的综合性质量评价。因此，必须充分发挥高校的领导力量。根据教学评价方案确定的建设目标，结合管理部门工作职责和任务分工，按照指标体系、主要建设点和加减分项目，落实到人，长期负责。

二是建立常设性评价机构，专家组工作制度。鉴于高校常设性教学评价机构、评价专家组都是新生事物，尚没有现成的规章制度可以套用，而且就高校青年教师教学评价而言，常态化运行、持续性改进等要求高，对此，高校应专门针对教学评价机构、专家组的工作职责、权利义务、条件保障、工作标准和绩效考核等加以规范，形成制度化安排，使组织实施有章可循。

三是高校在组织实施青年教师教学评价时，必须将日常评建情况和年度评价结果作为检验单位建设成效的基本依据，作为单位评优评奖和个人晋职晋级的重要参考。对评建工作成绩显著的职能部门、教学单位和个人予以表彰奖励，对工作不力、影响建设进程的部门和个人限期整改。力求通过公证、客观、有效的奖与罚，使教学评价成为推动教学建设、教学改革的有力抓手；通过常态化运行机制，促进院校持续提升人才培养质量和办学水平。

第七章　高校青年教师教学发展机构

本章摘要

教师发展中心在国外已有半个多世纪的历史，美国的密歇根大学首次创办了教师与教学发展中心，到了 20 世纪 90 年代，美国大多数高校都设立了教师发展机构，英国、日本等发达国家陆续建立了教师发展机构，这些教师发展机构组织架构和运行机制都比较成熟，已经成为国外高校青年教师发展的重要组成部分。在我国，青年教师教学发展机构——教师发展中心还处于起步阶段，港台地区最早仿效美国等国家高校，设立了教师发展的组织机构。到 21 世纪，内地高校也开始陆续成立青年教师发展机构，2012 年教育部高等教育司确定了 30 个国家级教师教学发展师范中心，至此，我国的教师发展中心蓬勃开展起来。本章从高校教师发展中心的功能定位、主要职能、建设思路三个方面详细介绍了我国高校青年教师教学发展机构的状况，为进一步思考和比较高校青年教师教学支持服务在理论和实践层面的发展提供了思路。

第一节　高校青年教师教学发展机构的功能定位

随着我国高校教师发展中心的纵深发展，这一组织日益成为高等青年教师服务教学、提升能力的必备机构。2011 年教育部、财政部在《本科教学工程》中明确提出我国高校教师发展中心要义是：积极开展教师培训、教学改革、研究交流、质量评价、咨询服务等各项工作，提高本校中青年教师教学能力，满足教师个性化、专业化发展和人才培养特色的需要。进一步明确了教师发展中心的基本定位，但对于其性质和功能，行政机关并未进行更深层面的规定，因此，在各高校的具体实践中，该中心凸显出性质多样、权责不明等问题。

高校教师发展中心的功能定位是指教师发展中心在高校教师发展中应该发挥的功能和作用。它包含两层含义：第一，教师教学发展中心是一个什么样的机构；

第二，教学发展中心实际应该发挥什么样的作用。[①] 由此可见，要使教师教学发展中心更好更快地发展，必须理清中心的性质、现实功能，引导各中心遵循本质规律发挥应有的现实功用。因此，深入探讨高校教师发展中心的性质、功能对其良性发展具有重要的指导意义。

一、高校教师发展中心的基本性质

高校教师发展中心的实践在我国发展已有近10年，但是，到目前为止，我国教育行政部门和教育学界还没有形成对教师发展中心的统一认识，在一定程度上影响了教师发展中心的功能的发挥。因此，本书通过对文献梳理和对实践活动的调研，结合书稿撰写目的，从理论层面探讨了教师发展中心的性质，以期对教师发展中心的长远发展提供有益的指导。

(一)教师发展中心不同于行政机构

高校的行政机构主要是指各教育管理行政部门，包括教务处、科研处、学生处等。作为行政机构，他们有明确的职责任务和规章制度，主要通过自上而下的行政权力和由外向内的行政手段发挥在高校教育教学中的支撑作用。

而在教育部颁布的《关于启动国家级教师教学发展示范中心建设工作的通知》(教高司函〔2012〕07号)中，明确提出了教师发展中心主要负责六个方面建设，其中，教学咨询服务和教学改革研究更加偏向学术性，教学咨询主要是面向中青年教师提供专业的教学咨询服务，帮助教师个性化发展；教学改革研究主要是借鉴国内外先进的教育理念、教学经验，促进教师更新教学理念、创新教学内容、改革教学模式、掌握教学技能，最终实现教师教学能力提升和高校教学质量提高。由此可见，教师发展中心的部分工作专业性更强、学术性更突出，这些学术性的工作并非一般意义上的行政机构能够完成，简单依靠行政手段无法完成教学咨询和教学研究类工作，它需要专业的人员，如教育学学者、心理学学者等给予支撑，从教学促进和教师发展的专业领域给予教师合理的建议和支持。因此，教师发展中心不同于行政机构，不能用行政计划来替代教师发展中心的学术活动和研究氛围；反之，要利用行政手段为教师发展中心提供和创造有利条件，为教师发展中心赋予专业力量促进其发挥教学引领作用。

(二)教师发展中心不同于学术机构

高校的学术机构是指以学科为基础，拥有专业的学术人才，能在本学科领域内

---

① 吴能表，陈时见．高校教师教学发展中心工作指南[M]．重庆：西南师范大学出版社，2016.

开展学术研究的专门机构。[①] 从我国教师发展中心发展现状来看，有的高校将教师发展中心挂靠于教育学院，有的高校将教师发展中心依托高等教育研究所联合组建，等等。但是，从教师发展中心的具体职能来看，教师发展中心又不等同于学术机构。一方面，从教育部颁布的启动"通知"中，提出了建立教师发展中心的目的"以提升高等高校中青年教师和基础课教师业务水平和教学能力为重点，完善教师教学发展机制，推进教师咨询、教学咨询、教学改革、质量评价等工作的常态化、制度化，切实提高教师教学能力和水平，建设高素质教师队伍。"[②]教师发展中心承担了教师培训和教学评估等任务，这些任务更倾向于行政性，需要系统的行政计划和行政安排来推进活动落实，需要人事方面有相应的责任人和组织者保证活动的顺利开展，单独依靠学术力量会在沟通、执行等方面都面临局限与掣肘。另一方面，教师发展中心虽然拥有了学术力量，但是教学工作是一项复杂的、头绪多、范围广的工作，任何一门学科的专家都无法针对教学工作开展详细的指导。只有相对规范的行政机构合理开展顶层设计，对课程教学进行统筹规划和监督管理，才能保证教学工作顺畅有序。

(三)教师发展中心是兼具行政与学术的专门机构

教师发展中心是高校教师发展的必然要求，是高校教育质量提升的重要手段。教师发展中心既不是简单的行政机构，也不是纯粹的学术机构，而是兼具行政与学术的专门机构。在行政方面，中心在各高校有相应的行政级别，中心工作人员有相应的行政级别，中心的各项工作都必须按照规程制度和行政流程来组织开展，中心的作用主要靠行政权力和行政计划来发挥。在学术方面，中心拥有一定的学术资源，享有一定的学术权利，承担一定的学术任务，开展一定的学术交流。中心的学术工作需要借助行政手段来有效落实，才能激发教师的学习积极性和各部门的关注与配合。中心的行政工作需要依托学术力量来一一推进，才能保证教师发展工作落到实处，对教师发展起到应有的作用。由此可见，教师发展中心的行政部分为骨骼，代表整个组织的架构设计与运行；学术部分为血肉与脉络，促进整个组织机构的有机生长。[③] 教师发展中心只有充分发挥行政和学术的双重优势，才能有效发挥对高校教师教学发展的促进作用。

---

① 郭丽君，吴庆华，胡何琼，等．地方高校教师教学发展支持研究[M]．北京：经济管理出版社，2020.

② 教育部高等教育司．关于启动国家级教师教学发展示范中心建设工作的通知[EB/OL]．[2022-6-3]．http://www.moe.gov.cn/s78/A08/tongzhi/201207/t20120716_139396.html.

③ 郭丽君，吴庆华，胡何琼，等．地方高校教师教学发展支持研究[M]．北京：经济管理出版社，2020.

二、高校教师发展中心的功能

(一)提升教师教学能力与提高教学认知

教师发展中心对教师的促进作用主要表现在提升教学能力和提高教学认知。

教师教学能力提升是高校教师发展中心的首要任务,中心内所有的活动都是为了促进教师教学能力提升。教师教学能力提升主要包括两个方面,一是教学技能提升,中心通过开展教学培训、讲座、教学研讨、工作坊等活动指导教师找到自己的教学问题,激发教师的教学潜能,帮助教师成长为教学能手、教学骨干;二是教师个性化发展,每个教师都有自己的个性特点和教学风格,中心通过培训、咨询、评价等方式帮助教师找到自己的教学优势,打牢教学基本功,形成自己的教学理念,最终形成自己的个性化教学方案。

其次,提高教师教学认知。高校教师,尤其是青年教师在职业发展的初期,他们从高校直接进入职业领域,虽然科研经历十分丰富,但是教学经验不足,再加上高校重科研轻教学的科研压力,造成他们既没有理解高校育人的内涵,也没有清晰认知教学理念。因此,在促进教师教学能力提升的同时,还要注重对教师教学认知的养成,中心要恰当地运用咨询、评价等方式,发挥前辈的传帮带作用,树立教学模范、教学典型,帮助教师树立科学的教学理念,深化对教书育人的认识,进一步激发教师的教学热忱,使教师更加深刻地理解自己的职业,并愿意投入热情与精力扎根教书育人的事业。

(二)建设卓越的教师队伍

高校教师发展中心是推动教师的交流与发展的重要平台,中心的职责任务就是要促进教师的个性化发展和教师群体的共同进步,为高校建设一批高水平的师资队伍。

第一,促进新任教师发展。作为刚入职的高校教师,他们年纪轻、经验少、对工作热情高、精力旺盛,但是他们对高校的环境、教学规范、校园文化、学科氛围等还不甚了解,因此教师发展中心要针对性地围绕新进教师的特点和需求,积极开展相应的服务和活动,帮助新进教师顺利度过入职初期,引导新进教师找到自己的职业定位和学术角色,为日后的教学工作提供清晰的认知,打下良好的基础。

第二,促进骨干教师提升。骨干教师是高校教师队伍的中坚力量,教师年龄多在 40 岁以下,他们处于职业生涯的关键期和上升期。在这一阶段,他们非常需要经验丰富、专业深厚、能力突出的前辈或学科带头人进行指导和引领,需要有更加广阔的学术平台来锻炼自己的能力,需要有更丰富的教学舞台来深化自己对教学的认识,需要获得更多的尊重和自我实现。因此,教师发展中心可以通过午餐会、研讨会、工作坊等活动给予积极扶持和帮助,对高校培养未来高层次人才提供储备力量。

第三，促进资深教师的深耕。资深教师一般已在高校工作数十年之久，工作生活相对稳定，他们具有丰富的科研经历和教学经验，在自己的学科领域建树颇丰，受到普遍尊重。但是这个阶段，相对安定的状态容易使人出现职业倦怠，各方面发展的愿望不是特别强烈，发展动力一般。教师发展中心要找寻资深教师的发展着力点，通过帮扶项目、高级别科研项目等激发他们的工作热情，使他们在协助培养后辈中找到成就感和价值感，让他们在教学和科研上的经验和理想能够得到传承，进一步拓展他们的教育教学职能。

（三）推动教学资源的建设

21世纪以来，随着互联网和人工智能的快速发展，以大数据为核心的信息革命已悄然发生，信息技术的发展使资源加工与整合变得更加便利。高校可以利用技术条件建立教学资源库，促进教学资源的融合与共享，将教学资源库作为教师学习平台，为教师创造自主学习条件，鼓励教师实现自我提升和发展。

教师发展中心作为教师发展的重要场所，也承担着教学资源建设的任务。首先，中心集人员、技术、平台等要素于一身，拥有资源建设的必要条件，可以对教学资源进行筛选、规范和整合，并在教学资源使用过程中提供运行和服务保障工作，能够满足各类教师的发展需求；其次，中心能够发挥行政管理的优势，将校内各学科、各专业的优质资源进行汇总，形成校内资源共享平台，使所有教师可以实现跨学科交流与学习，为高校的学科建设和专业发展提供了便利机制。

（四）推进教师教学发展的常态化

教师发展是一件需要持续发力、久久为功的系统工程，教师发展中心作为高校教师发展的核心部门、主导单位，要坚持用发展的眼光谋划教师发展的具体工作。一是推进理论学习常态化。教师发展中心要始终将理论学习摆在重要位置，推进教师学习制度化、规范化，坚持用先进的理论武装筑牢青年教师思想基础；二是推进能力提升常态化。教师发展中心要通过培训、研讨、讲座、学习等方式，多层次全方位提高青年教师教学能力，促进青年教师快速成长；三是推进教学改革常态化。针对高校教学工作的新形势、新任务、新要求，教师发展中心持续深入推进教学改革和教学研究，不断提高青年教师教学的参与度和积极性，使中心的各项工作融入青年教师教学发展的各个环节，为青年教师的成长之路提供切实的理论支持和实践指导。

（五）促进高校内涵式发展

众所周知，教师教学发展水平是高校教学质量的关键因素，教师队伍的发展对高校的办学水平和整体发展具有重要的意义。教师发展中心承担了教学咨询、教师培训、教学评估、教学资源建设等任务，兼具行政与学术的双重属性，既可以通过行政管理来规范教师教学活动，又可以通过学术引领来促进教师教学；既能够为教师提供管理、组织和服务，又能够为教师提供发展动力、行动方式。教师发展中心通过发挥其在沟通交流、资源配置、互动合作等方面的优势，积极促进高校办学水平的不断提升。

(六)培育教师教学文化

教学文化是高校教学理念、教学实践的集中体现，既包括教师教学的价值取向，也包括教师教学的行为方式。教学文化是高校校园文化的重要组成部分，是高校教学的精神引领和生态塑造，更是探究和建设大学教学文化、提升大学教学质量的基石和依托。[①] 长久以来，我国高校不重视建设教学文化，在面对教学问题、教学矛盾时，没有科学的思想做指导，常常采用经验主义简单地处理教学问题，使得教学工作没有科学的理念和思路进行指导，教学工作在高校的中心地位得不到落实，教师对教学的投入没有保障，人才培养工作基础不牢。因此，建设内涵丰富、力量强大的教学文化是高校教学发展的必由之路。教师发展中心作为促进教师和教学发展的核心单位，应在教学文化培育方面发挥应有的职能。中心可以组织专家、学者、管理人员集思广益，通过研究教学理论，开展教学实践，提炼教学文化的内涵，转变高校师生对教学的偏见，推进教学制度的改革与创新，重建尊师重教的良好校园氛围；通过举办研讨会、培训会、交流会，营造浓厚的教学文化氛围，提高教师对教学的关注度，充分发挥教学文化对教书育人工作的引领和护航作用。

第二节　高校青年教师教学发展机构的主要职能

高校教师发展中心是以培养教师精深知识、养成教育理念、锻炼教学技能、创造教学学术的思想与实践的结合地，它的主要职能主要有六个方面。

一、培训与指导

教师培训是教师发展中心的首要职能，培养主要围绕教学理念、教学方法、教学技能、职业规范、学术规范等方面展开。从英美等高校的教师发展中心组织的各项活动来看，教师、管理者、助教是教师培训活动的主要对象，各高校会根据不同的培训对象开发不同的培训课程，以满足不同对象的需求。我国教师发展中心的教师培训主要是针对新进教师展开，新任教师大多是非师范专业毕业，没有接受过系统的教学训练，教学知识匮乏、教学理念模糊、教学策略不足，高校为了引导新进教

① 韩延明．新时代大学质量文化探要[J]．中国高教研究，2022(9)：32－37．

师更快适应教学工作，将入职培训作为新进教师的必备课程。

另外，教师发展中心还会根据不同学科、不同专业的特点，为教师提供专门指导，让各类教师通过教师发展中心的培训和指导，在人才培养和教育教学方面获得有效地提升（见表 7-1）。

表 7-1 教师发展中心部分培训工作

被培对象	形式	方法	内容	备注
新进教师	入职培训 职业教育	线上、线下教学观摩	高等教育学、高等教育心理学、高等教育法规、教学基本知识方法策略	岗前培训结业证
青年教师	竞赛、专业培训	讲座、沙龙、研讨、听课、说课、竞赛	教学能力等基本功，外语及英文授课	评比表彰、激励
助教	招、培、用、评、奖	培训、讲座、研讨等	助教职责、教学技能、教学案例等	助教上岗资格证、荣誉证书
新开课教师、开新课教师	专门培训	讲授、讲座、教学技能等学习	授课能力培训	结业考核教学准入
党政管理员、教学秘书、辅导员	业务培训	授课、指导、经验、交流	工作规范、思想道德修养、公文写作、法律法规、信息资源建设与利用	以评促建、以评促改

二、交流与咨询

高校教师发展中心在教师的交流与咨询方面发挥了重要的促进作用。首先，教师发展中心有力地促进了教师间的交流。教师发展中心始终将促进教学工作放在中心的核心位置，通过整合校内外资源，在高校、社会团体、企事业单位之间为高校教师搭建学习、交流的平台，拓宽教师互动的渠道，推进高校的各校工作紧紧围绕教师教学而展开，引导高校资源向教育教学倾斜，积极为教育教学做好服务、提供保障。同时，教师发展中心活泼、自由的学术氛围，吸引了广大学者、专家来此开展讲学、进行研讨，营造出平等、友好的学术环境，为教师与学生之间交流互动提供了良好的条件，通过思想的碰撞，为知识的学习和学科的发展提供了宽阔的平台。其次，教师发展中心为高校教师提供了全面的咨询服务。中心聘有专门的学者、知名专家、心理咨询师，针对教师的教学困难、教学问题提供诊断和咨询，为教师提供专业化的指导，制定个性化的教学能力提升方案，并通过教师教学档案，实时追踪教师教学状况，持续帮助教师提升教学能力（见表 7-2）。

表 7-2　教师发展中心部分咨询活动

被咨询对象	咨询问题	咨询方式/形式	预期效果
教师	教学方式、理念，教学评价等	沙龙、工作坊、午餐会、学术讲座、报告会	更新理念，挖掘潜能，改善教学、成长发展的建议
	教学行为与技术，教学生涯规划	课堂观察、面谈、网络咨询	
	成长、心理与学术职业发展	个人面对面、网络交互咨询	
学生	学习心理，学业、课程辅导、论文、就业创业	坐班（个体或集体要预约）、在线指导	主动学习、延展学习

三、评价与反馈

教学发展是教师发展的根本，教学评价是高校教学质量保障体系的重要组成部分，是教师发展的基础和依据，因此，教学评价是教师发展中心的重要职能。教学评价通过采用定性与定量相结合的方式监督、监测教师的教学基本状态，分析教师教学目标达成度，判断教师的教学能力和水平，进而掌握高校内部教师教学的真实状况，实现对教育教学的有效评价与反馈。教师发展中心的教学评价工作主要包括教学工作评价、专业评价、学科评价、课程评价、学生评价、教师评价等方面，评价内容覆盖教学的全过程，以学生评教、教学督导、听查课、教学汇报为主要评价方式，评价结果作为高校考核教师和职业晋升的重要指标。通过教学评价与反馈，教师发展中心有效促进了高校教师教学理念的转变，为教师提供了有益的教学指导，通过制定个性化的教学方案，激励教师开展教学反思，总结教学行为，转变教学思路。同时，还能够帮助高校建立教学基本数据状况，定期总结和发布教学质量分析报告，监测高校教学状态，为高校教育教学质量提升发挥积极的助力（见表 7-3）。

表 7-3　教师发展中心教学部分评价活动

被评		被评内容	评价方式
评师	新教师	教学知识水平，教学能力达成度，教学满意度，教学岗位职称评聘	试讲、考核、微格诊断、竞赛、评奖、绩效激励等
	青年教师		
	有待提升教师		
	其他教师		
	助教		

（续表）

被评		被评内容	评价方式
评教	本科教学质量监控与评价	本科课程教学基本规范、教学基本条件、教学过程、教学目标、教学大纲与课程目标、备课授课、教学纪律、课程考核、课程教学评价指标	教学督导、学生评教、教师自评等方式

四、教学学术提升

1990年，美国学者博耶提出了“教学学术”理念，他将教学作为一项重要的学术事业，他指出教师不仅是教育者，还应是学习者。各国在这一理念的指导下，纷纷开展对高校重科研轻教学现象的反思，开始重新审视教学与科研的关系。教师发展中心自诞生之日起，就担负着弘扬先进教学学术理念和育人文化的重要职责。中心通过开展教学研究、教学改革等活动，鼓励教师将教学实践与教学智慧相结合，为教学学术的发展提供助力，为教师潜心研究教学创造了宁静的世界。由此可见，教师发展中心是教学发展的重要载体，教学发展为教师中心的发展指明了方向，两者相互作用、相辅相成，共同促进教师教学能力不断提升。

五、资源建设

随着信息技术的发展，高校数字化校园建设的进程不断加快，推动了高校教师发展的信息化创新。教师发展中心在资源建设方面主要是管理、规范教学类相关物质资源、信息资源和智力资源。具体包括：第一，对高校物质资源、信息资源进行分类、管理和规范，方便教职员工检索和学习；第二，建立教师成长档案袋，通过信息技术收集、整理教师教学信息，为教师的教学咨询、教学诊断提供依据，便于教师实时了解自己的教学动态；第三，以智力资源为核心，建立教师学习共同体，通过开展线上线下、内外结合的学习活动，激励教师自发、自觉地提升教学能力（见表7-4）。

表7-4　教师发展中心部分资源建设

类型		形式	建设内容	备注
专家建设		专家库	形成教学发展专家指导委员	教学发展智力资源
课程建设	慕课、微课	MOOC 网络课程中心 现代教育技术中心	教学专业发展、教学心理、课程与教学基础等方面网络在线课程并共享	教育技术与学习科技支持
	（在线）精品课程			
	网络培训课			

（续表）

类型	形式	建设内容	备注
信息建设	教学状态数据库	教学管理信息系统，教学软件，（在线）图书、期刊，教师（教学）手册，中心工作简报，教学数据采集系统	教学技巧、教学设计、教学评价等方面的专业书籍，现代教学方法、软件、系统
	资源库		
	微信平台		
	报名系统		
	咨询系统		
	教师教学成长档案		

六、教师职业发展规划

随着教育教学研究的深入，高校逐渐认识到职业发展规划对教师发展有重要的指导作用。教师职业发展规划是高校教师自我了解、自我认知、自我反思、自我调整的重要举措，科学合理的教师职业规范是提升高校人力资源管理效率，增加教师凝聚力、向心力的重要手段。教师，尤其是青年教师，科学的职业规划可以帮助青年教师实现专业能力的持续发展，引导其实现人生价值和职业理想。因此，教师发展中心将教师职业发展规划作为其职能之一，充分利用其自身优势，针对不同阶段教师发展的不同需求，为教师提供职业发展的阶段性规划，指导教师认清发展状态、存在问题以及改进重点，为更好地促进教师教学发展提供智力支持。

第三节　高校青年教师教学发展机构的建设思路

为了让高校管理者和教师更加清楚地了解国家建设高校教师发展中心的政策内涵，以及教师发展中心的建设思路，本书将从教师发展中心的建设原则、建设模式两个方面详细解构教师发展中心，以期为各高校建设与本校发展相适应的中心提供思路。

一、高校教师发展中心建设的原则

原则是组织行事所需依据的标准或规范，它包含组织建设和发展的各项活动。教师发展中心是源自美国的舶来品，是我国高等教育改革中的新生事物，推进教师发展中心建设，规划中心的各项活动都需要按照一定原则来运行。基于我国各高校的实践经验，教师发展中心应坚持以下原则。

(一)发展性原则

教师发展中心作为促进个体发展的重要机构,不仅要解决教师在教学中遇到的困难与问题,还有引领教师更新教学观念,实现自我的个性化发展和持续进步。因此,教师发展中心要坚持用发展的眼光对待各项工作,既要关注教师当前的现实需求,又要为教师长远发展做提前谋划,及时关注国内外最新教育动态,将新理念、新技术、新方法恰当融入教师发展活动,使教师获得循序渐进的提高。

(二)服务性原则

教师发展的根本任务是教学服务、教师发展、质量提升,因此,服务性原则是贯穿教师发展中心各项工作的核心原则。一方面,教师发展中心要积极研究教师发展的需求,关注教育动态,将新理念、新技术及时引进校园,为教师提供学习新方法的机会和平台,推进现代教育技术在教学中的应用,不断提高高校信息化教学水平,促进丰富教师的教学手段的提高;另一方面,不断完善高校的教师激励机制,形成教师发展的内部保障机制,鼓励教师投入教学,积极开展教学研究和教学反思,让有能力、有本事的教师得到切实的支持。

(三)差异性原则

我国高校种类多样,有综合性高校、理工科高校、文艺类高校等,各高校在长期的办学历程中,拥有独立的办学理念和办学定位,形成了各具特色的校园文化。因此,各高校教师发展中心在建设过程中,要坚持差异性原则,以国家的指导思想和建设方针为工作指南,同时结合各高校的办学特色,建设有共性、有个性的教师发展中心,促进各高校教师认清自身优势,找准定位,形成既有个性又有特色的教师发展机构。

(四)整体性原则

我国目前的各教师发展中心有两个倾向,一是实体机构,表现独立处理各项教师发展活动;二是虚体机构,表现为中心没有自主权,多事参与或依靠高校的某一部门开始各项活动。不论哪种倾向,教师发展中心实际上都兼具行政和学术两种功能。因此,教师发展中心要坚持整体性原则,积极整合行政要素和学术要素,既要用好行政要素的权利机制,也要依靠学术要素不断提升服务水平,发挥中心在高校教师队伍建设与教学决策中的重要角色,使行政要素和学术要素在同一的系统内有机联系,相互促进,推动教师发展中心的整体良性循环。

二、大学教师发展中心建设的范式选择

教师发展中心自建立之初,就将教师发展与教学质量提升放在首要位置,作为核心工作。从我国高校现有的教师发展中心来看,中心主要组织范式有三种,即直属式、附属式、分布式。直属式,是指教师发展中心是高校的独立实体机构,一般由

校领导或直属单位独立建制,中心工作由校领导或中心主任直接负责,中心有专职的工作人员。这种直属发展范式,一方面体现了高校对教师发展工作的高度重视;另一方面,教师发展中心拥有较大的自主权,能够有效地开展各项业务工作,并作为独立的个体能够和外界开展交流与合作。附属式,是指教师发展中心以挂靠的形式,依托其他行政单位和教学单位开展日常工作。中心的负责人一般是挂靠单位的主要领导,工作人员也多为兼职,这种发展范式,既有发展优势,又存在一定的不足。优势主要集中在行政权力突出,更有利于统筹中心工作,协调各单位予以配合,执行力度强。不足之处主要体现在:一是中心机构臃肿,人员分工不明,中心工作的有效性难以保障;二是容易出现资源浪费现象,用管理的方式协调教学资源,形式主义过于突出,资源的管理趋向行政需求而非教师发展的内在需求,教师发展活动无法满足教师成长和进步的切实需要,也在一定程度上打击了教师发展的积极性。分布式,是一种中间范式,它既具有直属式发展范式的特点,又具有附属式发展范式的特色。分布式发展范式多从高校自身发展需求出发,分成学员教学发展中心和学科教学发展分中心,如武汉大学动态学员学科分中心、四川大学学科分中心,等等,这些都是高校教师发展中心下设的基层教学发展组织,中心各项工作以各单位的发展需求和教师发展内需为根本出发点,这种形式更加有利于学科资源的集中与整合,有利于促进专业教师成长。

总之,从我国教师发展中心的现状来看,中心发展的范式还没有形成统一的意见,各高校都在摸索中前进,在前进中找寻发展方向;但无论哪种发展范式,其最终落脚点都是充分发挥教师发展中心的有效性和优越性,使其能够为高校的教师发展和教学质量提升贡献应有力量。

三、大学教师教学发展中心建设的发展方向

高校教师发展中心的成立与发展,是我国高等教育发展的必然需求,是教师队伍不断完善的题中之义。

(一)加强顶层设计

高校教师发展中心作为高校专门促进教师发展的组织机构,其首要任务就是服务和支持教师成长与发展。无论教师发展中心是附属机构还是独立机构,中心都应以教师发展需求为导向,正确行使行政权力,加强顶层设计,统筹协调教师发展的资源配置、机制建设和服务保障,促进全校形成教师发展的工作合力,推进教师发展工作顺畅有序。

(二)加大政策支持

自 2012 年起,教育部及相关行政管理部门出台一系列有关高校教师发展中心建设的政策文件,进一步明确了教师发展中心的建设目标、建设内容、机制保障。

但结合各高校教师发展中心运行情况来看，实际工作还存在很多问题，有的中心缺乏独立性，机构设置流于形式，人员管理、经费管理、工作任务都没有真正落实到促进教师发展上；有的中心服务作用不明显，各项工作仅围绕新进教师开展，受益面过窄，没有发挥促进教师队伍整体进步的作用。针对这些现象，各高校应建立健全教师发展中心的运行机制，结合政府的政策引导，对校内资源进行统一部署和规划，明确相关单位的职责任务，使各部门、各环节有序发力，集中力量为教师发展中心提供政策引导和制度保障，引导中心更合理、更高效地运行。

（三）营造教学氛围

教学氛围对青年教师教学发展有着潜移默化的作用。青年教师发展是高校的基础性工作，各部门、各单位应当协同配合，以“立德树人”为根本任务，建立健全青年教师准入、培训、激励、晋升等制度，形成多维度、全方位的多元考核评价体系，积极营造重教、乐教、会教的教学氛围，引导青年教师实现从“要我发展”转变为“我要发展”的主动转变，切实保障青年教师的根本利益，着力激发青年教师的教学积极性，努力培养既有活力又有干劲，既有能力又有方法的教师队伍。

（四）加快路径探索

当前，社会飞速发展，科技日新月异，教师发展的需求也随之多样化，为进一步适应现代教师队伍发展需求，高校教师发展中心应积极探索新路径，创新发展方式。首先，优化培训项目。教师发展中心的培训活动不应拘泥于单一的讲授形式，可以结合专家讲座、教师沙龙、微课堂、咨询交流等方式，既为教师提供个性化的培养方案，又促进教师队伍整体能力提升，使教师真正实现教学相长；其次，扩大交流平台。各高校鼓励教师发展中心开展与地方企事业单位的共建合作，实现优质教学资源共享，为教师发展创造互动交流的条件和经验分享的机会，不断提升教师教学实践和创新能力。

参考文献

[1] 顾明远．教育大辞典[M]．海南:海南教育出版社,2001.

[2] 朱如珂．现代教育新理论[M]．北京:海潮出版社,2003.

[3] 张大钧．教师心理素质与专业性发展[M]．北京:人民教育出版社,2005.

[4] 王道俊,王汉澜．教育学[M]．北京:人民教育出版社,2002.

[5] 教育部师范教育司．教师专业化的理论与实践[M]．北京:人民教育出版社,2003.

[6] 罗树华．教师能力学[M]．山东:山东教育出版社,2005.

[7] 朱旭东．教师专业发展理论研究[M]．北京:北京师范大学出版社,2011.

[8] 何劲松．教师学习与专业发展[M]．上海:华东师范大学出版社,2021.

[9] 孙丽芝．教学项目场域中的大学教师教学发展研究[M]．北京:中国社会科学出版社,2018.

[10] 吴黛舒．教育实践与教师发展[M]．福州:福建教育出版社,2014.

[11] 康翠萍．高校教师教学发展研究[M]．北京:科学出版社,2018.

[12] 姚利民．高校青年教师教学发展论[M]．北京:中国社会科学出版社,2019.

[13] 李宝斌．转型时期通往教育自觉的高校教师评价[M]．北京:中国社会科学出版社,2014.

[14] 沈红．大学教师评价的效能[M]．北京:中国社会科学出版社,2018.

[15] 马秀麟．信息化时代教师的专业发展[M]．北京:北京师范大学出版社,2017.

[16] 陈时见．高校教师教学发展概论[M]．重庆:西南师范大学出版社,2018.

[17] 付八军．大学教师的培养与成长[M]．北京:中国社会科学出版社,2010.

[18] 怀特海．教育的目的[M]．徐汝舟,译．北京:生活·读书·新知三联书店,2002.

[19] 库克,等．提升大学教学能力——教学中心的作用[M]．陈劲,郑尧丽,

译．杭州：浙江大学出版社，2011.

[20] 李秉德．教学论[M]. 北京：人民教育出版社，1991.

[21] 刘捷．专业化：挑战 21 世纪的教师[M]. 北京：教育科学出版社，2002.

[22] 博耶．关于美国教育改革的演讲[M] 凃艳国，方彤，译．北京：教育科学出版社，2002.

[23] 王策三．教学论稿[M]. 2 版．北京：人民教育出版社，2005.

[24] 谢作栩．中国高等教育大众化发展道路的研究[M]. 福州：福建教育出版社，2001.

[25] 叶澜，白益民，王枬等．教师角色与教师发展新探[M]. 北京：教育科学出版社，2001.

[26] 张华．课程与教学论[M]. 上海：上海教育出版社，2000.

[27] 黄培森，任红军，周波，等．高校初任教师教学能力发展论[M]. 北京：中国社会科学出版社，2019.

[28] 魏建培．教师学基础[M]. 北京：清华大学出版社，2011.

[29] 佐藤学．课程与教师[M]. 钟启泉，译．北京：教育科学出版社，2003.

[30] 派纳．课程：走向新的身份[M]. 陈时见，等译．北京：教育科学出版社，2008.

[31] 古德森．专业知识与教师职业生涯[M]. 刘丽丽，译．北京：北京师范大学出版社，2007.

[32] 操太圣，卢乃桂．伙伴协作与教师赋权——教师专业发展新视角[M]. 北京：教育科学出版社，2007.

[33] 周淑卿．课程发展与教师专业[M]. 兰州：甘肃文艺出版社，2005.

[34] 张典兵，王作亮．教师专业发展[M]. 徐州：中国矿业大学出版社，2017.

[35] 陈霞．教师专业发展的实效性研究[M]. 北京：北京大学出版社，2012.

[36] 陈永明．现代教师论[M]. 上海：上海教育出版社，1999.

[37] 程红艳，董英．新教师的专业发展[M]. 武汉：华中师范大学出版社，2011.

[38] 单中惠．教师专业发展的国际比较[M]. 北京：教育科学出版社，2010.

[39] 丁红涛．教师的职业内涵与专业发展引论[M]. 北京：中国轻工业出版社，2011.

[40] 傅道春．教师的成长与发展[M]. 北京：教育科学出版社，2001.

[41] 傅金兰．信息时代的教师专业成长与生命完善[M]. 济南：山东大学出版社，2009.

[42] 韩国海．教师专业成长指引[M]. 西安：陕西师范大学出版社，2009.

[43] 洪明．教师教育的理论与实践[M]. 福州：福建教育出版社，2002.

[44] 黄甫全．新课程中的教师角色与教师培训[M]. 北京：人民教育出版社，2003.

[45] 金美福．教师自主发展论[M]. 北京：教育科学出版社，2005.

[46] 李瑾瑜，柳德玉，牛震乾．课程改革与教师角色转换[M]. 北京：中国人事出版社，2002.

[47] 李琼．教师专业发展的知识基础：教学专长研究[M]. 北京：北京师范大学出版社，2009.

[48] 刘素梅．教师专业发展新视界[M]. 长春：东北师范大学出版社，2010.

[49] 吴能表，陈时见．高校教师教学发展中心工作指南[M]. 重庆：西南师范大学出版社，2016.

[50] 刘美云．民办高校青年教师发展问题研究[M]. 武汉：武汉大学出版社，2019.

[51] 郭丽君．教师发展视野下的高校教学评价制度[M]. 北京：中国社会科学出版社，2021.

[52] 吴庆华，郭丽君．地方高校青年教师发展研究[M]. 北京：经济管理出版社，2017.

[53] 甘艳．高校青年教师师德建设[M]. 武汉：华中师范大学出版社，2021.

[54] 张典兵，王作亮．教师专业发展[M]. 徐州：中国矿业大学出版社，2017.

[55] 吴冬梅，等．大学教师人力资源管理[M]. 北京：首都经济贸易大学出版社，2014.

[56] 姚云，章建石．当代世界高等教育评估历史与制度概览[M]. 北京：北京师范大学出版社，2013.

[57] 陈永明．教师教育研究[M]. 上海：华东师范大学出版社，2002.

[58] 胡惠闵．教师专业发展[M]. 上海：华东师范大学出版社，2014.

[59] 吴晓英．教师教学领导力生成研究[M]. 北京：中国社会科学出版社，2021.

[60] 魏建培．教师专业发展理论与实践[M]. 北京：科学出版社，2016.

[61] 郑山明．地方本科院校教师队伍建设研究[M]. 北京：光明日报出版社，2017.

[62]《全国普通高校本科教育教学质量报告(2020 年度)》编委会．全国普通高校本科教育教学质量报告(2020 年度)[M]. 北京：高等教育出版社，2021.

[63] 费斯勒，克里斯坦森．教师职业生涯周期[M]. 董丽敏，高耀明，译．北京：轻工业出版社，2005.

[64] 李芒．大学教师教学能力的培养[M]. 中国:科学出版社,2018.

[65] 曾煜．中国教师教育史[M]. 北京:商务印书馆,2016.

[66] 史晓燕．教师教学评价[M]. 北京:北京师范大学出版社,2018.

[67] 赵宏亮．做有效的教师培训[M]. 青岛:中国海洋大学出版社,2021.

[68] 杨翠蓉．教师专业发展:专长的视野[M]. 北京:教育科学出版社,2009.

[69] 黄达人．大学的观念与实践[M]. 北京:商务印书馆,2011.

[70] 杨爽．高等职业院校教师制度与青年教师职业发展研究[M]. 北京:光明日报出版社,2019.

[71] 屈廖健．美国研究型大学教师发展中心运行机制变迁[M]. 太原:山西教育出版社,2020.

[72] 赵敏．基于教师职业生涯周期理论的高校青年教师专业发展研究[D]. 苏州:苏州大学,2011.

[73] 宋铁莉．高校教师课堂教学质量评价研究[D]. 长春:东北师范大学,2007.

[74] 雷玉．大学教师教学发展模式研究[D]. 上海:武汉理工大学,2008.

[75] 陈伟明．我国大学教师教学发展研究[D]. 江西:江西师范大学,2011.

[76] 王侨．新建本科院校青年教师教学发展研究[D]. 济南:山东大学,2016.

[77] 刘丹丹．高校教师教学评价的问题分析与对策研究[D]. 扬州:扬州大学,2013.

[78] 邱文汇．高校教师教学评价研究[D]. 上海:复旦大学,2012.

[79] 石万余．基于主体性的大学教师教学发展模式研究[D]. 北京:北京工业大学,2015.

[80] 雷玉．大学教师教学发展模式研究[D]. 武汉:武汉理工大学,2014.

[81] 单婷婷．大学青年教师生存状态研究[D]. 郑州:河南大学,2017.

[82] 李俐．英国高校教师发展研究[D]. 重庆:西南大学,2013.

[83] 刘辉．教学研究型高校教师教学评价研究[D]. 大连:辽宁师范大学,2014.

[84] 朱连虹．美国高校青年教师教学发展策略研究[D]. 大连:辽宁师范大学,2016.

[85] 高玉鑫．美国高校教师发展中心的研究及启示[D]. 曲阜:曲阜师范大学,2020.

[86] 黄佩．高校教师发展中心的功能研究[D]. 西安:西安建筑科技大学,2017.

[87] 吴振利,饶从满. 论非正式松散合作性高校教师教学发展[J]. 教育研究,2011(1):73-77.

[88] 王国明. 大学教师教学发展的模式研究[J]. 教师教育学报.2017,4(4):39-45.

[89] 别敦荣,韦莉娜,李家新. 高校教师教学发展中心运行情况调查研究[J]. 中国高教研究,2015(3):41-47.

[90] 杨钰桦,周珺. 教师专业化发展的理论与实践探索[J]. 经济研究导刊,2018(16):220-221.

[91] 张波,刘进,尹莎莎,等. 高校教师发展中心建设的定位与转向[J]. 高教发展与评估,2017,33(2):59-66.

[92] 王琼. 高校教师发展中心的功能定位研究[J]. 南京理工大学学报(社科版).2016,29(5):81-84.

附　　件

高校青年教师教学发展调查问卷

您好,感谢您参与本次问卷调查！本次调查旨在了解高校青年教师教学发展情况,您的意见对我们十分重要。本问卷采用匿名方式,仅供学术研究之用,请根据自己真实情况填写。感谢您的支持和帮助！

一、个人信息

1. 您的性别(　　)

A. 男　　B. 女

2. 您的受教育程度(　　)

A. 本科　　B. 硕士研究生　　C. 博士研究生　　D. 博士后

3. 您目前的职称(　　)

A. 助教　　B. 讲师　　C. 副教授　　D. 教授

4. 您在高校的工作时间(请填写)。

5. 如果把教学工作和科研工作进行比较,请选择一项您偏好(　　)

A. 偏好教学

B. 偏好科研

C. 偏好教学和科研两方面,但更偏好于教学

D. 偏好教学和科研两方面,但更偏好于科研

6. 您承担的教学任务是(　　)

A. 只承担本科生课程　　B. 同时承担本科生和研究生课程

C. 只承担研究生课程

7. 您每天用在教学上的时间(包括备课、上课、课后辅导)大约是多少小时(　　)

A. 3 小时以内　B. 4～5 小时　　C. 5～6 小时　　D. 6 个小时以上

二、教育教学理论知识

7. 您在校学习期间，是否取得教师资格证书（　　）

A. 是　　　　B. 否

8. 您在校学习期间，是否选修过教育学、心理学等有关教育教学方面的课程（　　）

A. 是　　　　B. 否

9. 您在校学习期间，是否获得教育学、心理学等有关教育教学方法的课程学分（　　）

A. 是　　　　B. 否

10. 您任教师职以前的教学经验是(可多选)（　　）

A. 研究生期间做过教学助理

B. 我独立承担过一门或多门课程

C. 毕业后，直接走上工作岗位，没有任何教学经验

D. 其他

11. 我任现职以前已充分掌握了教育教学相关理论知识（　　）

A. 完全符合　B. 符合　　C. 基本符合　　D. 不符合

E. 完全不符合

12. 我任现职以前已经有了丰富的教育教学经验（　　）

A. 完全符合　B. 符合　　C. 基本符合　　D. 不符合

E. 完全不符合

三、教学发展环境

13. 在我的高校，院/系领导非常重视青年教师教学能力提升（　　）

A. 完全符合　B. 符合　　C. 基本符合　　D. 不符合

E. 完全不符合

14. 在我的高校，大部分青年教师都具有较强的教学积极性（　　）

A. 完全符合　B. 符合　　C. 基本符合　　D. 不符合

E. 完全不符合

15. 在我的高校，青年教师经常有机会得到经验丰富教师的帮助（　　）

A. 完全符合　B. 符合　　C. 基本符合　　D. 不符合

E. 完全不符合

16. 在我的高校，青年教师有很多途径提升教学能力（　　）

A. 完全符合　B. 符合　　C. 基本符合　　D. 不符合

E. 完全不符合

四、教学认知

17. 我认为教学工作对我非常重要(　　)
A. 完全符合　B. 符合　C. 基本符合　D. 不符合
E. 完全不符合
18. 我认为完成教学工作只需具备一般能力(　　)
A. 完全符合　B. 符合　C. 基本符合　D. 不符合
E. 完全不符合
19. 我认为完成教学工作仅仅具备学科专业知识是不够的(　　)
A. 完全符合　B. 符合　C. 基本符合　D. 不符合
E. 完全不符合
20. 我认为教学工作是一项枯燥无味的工作(　　)
A. 完全符合　B. 符合　C. 基本符合　D. 不符合
E. 完全不符合
21. 我认为教学工作可以给我带来很多满足感(　　)
A. 完全符合　B. 符合　C. 基本符合　D. 不符合
E. 完全不符合
22. 我认为教学是一项具有创造性和挑战性的工作(　　)
A. 完全符合　B. 符合　C. 基本符合　D. 不符合
E. 完全不符合
23. 我认为发表学术论文是教学工作的重要组成部分(　　)
A. 完全符合　B. 符合　C. 基本符合　D. 不符合
E. 完全不符合
24. 我认为教学工作做得好的教师一般在科研方面也做得好(　　)
A. 完全符合　B. 符合　C. 基本符合　D. 不符合
E. 完全不符合

五、课堂教学水平

25. 我的课堂教学内容具有高阶性、创新性和挑战性(　　)
A. 完全符合　B. 符合　C. 基本符合　D. 不符合
E. 完全不符合
26. 我对我所教的课程充满热情(　　)
A. 完全符合　B. 符合　C. 基本符合　D. 不符合

E. 完全不符合

27. 我上课时能灵活运用现代教学方法(　　)

A. 完全符合　B. 符合　C. 基本符合　D. 不符合

E. 完全不符合

28. 我经常鼓励学生参与课堂讨论(　　)

A. 完全符合　B. 符合　C. 基本符合　D. 不符合

E. 完全不符合

29. 我非常熟悉现代教育教学技术(　　)

A. 完全符合　B. 符合　C. 基本符合　D. 不符合

E. 完全不符合

30. 我在课堂教学中精神饱满(　　)

A. 完全符合　B. 符合　C. 基本符合　D. 不符合

E. 完全不符合

31. 我上课前准备充分,上课时认真讲解,下课后积极答疑(　　)

A. 完全符合　B. 符合　C. 基本符合　D. 不符合

E. 完全不符合

32. 我很重视学生的个性差异(　　)

A. 完全符合　B. 符合　C. 基本符合　D. 不符合

E. 完全不符合

33. 我真诚地关心每一个学生(　　)

A. 完全符合　B. 符合　C. 基本符合　D. 不符合

E. 完全不符合

34. 我布置的课后作业可以帮助学生理解所学的内容(　　)

A. 完全符合　B. 符合　C. 基本符合　D. 不符合

E. 完全不符合

35. 我能有效地评价学生的学习效果(　　)

A. 完全符合　B. 符合　C. 基本符合　D. 不符合

E. 完全不符合

36. 我的教学可以激发学生的学习积极性(　　)

A. 完全符合　B. 符合　C. 基本符合　D. 不符合

E. 完全不符合

37. 上课时我会明确教学目标,并按预定目标进行教学(　　)

A. 完全符合　B. 符合　C. 基本符合　D. 不符合

E. 完全不符合

38. 我不仅可以让学生学会知识，而且还可以让学生会学知识（　　）
A. 完全符合　B. 符合　C. 基本符合　D. 不符合
E. 完全不符合
39. 我的教学风格可以调动学生学习的兴趣（　　）
A. 完全符合　B. 符合　C. 基本符合　D. 不符合
E. 完全不符合
40. 我上课时能适当地讨论本学科领域最新的进展（　　）
A. 完全符合　B. 符合　C. 基本符合　D. 不符合
E. 完全不符合

六、教学发展途径

41. 您认为您的高校为青年教师提供教学培训的必要程度（　　）
A. 非常不必要　B. 不必要　C. 不确定　D. 必要
E. 非常必要
42. 您参加过的教学培训的培训内容主要有(可多选)（　　）
A. 教育学理论知识　B. 信息技术在教学中的应用
C. 教师职业道德　D. 教育法规
E. 教学技巧方法训练
43. 您参加过的教学培训的培训方式主要有(可多选)（　　）
A. 教育学理论讲授　B. 专题讲座
C. 小组讨论　D. 案例教学
E. 教学技能练习
44. 您参加过的教学培训对您教学工作的帮助程度是（　　）
A. 完成无帮助　B. 无帮助
C. 不确定　D. 有帮助
E. 非常有帮助